创新型中等职业教育精品教材

职业生涯规划与发展

主编 钟立新 陈光建

镇 江

内容提要

本书根据教育部颁布的中等职业学校《职业生涯规划教学大纲》编写而成，并从实用的角度出发，增加了就业、创业的基本知识，旨在提高中职生的职业素质、求职能力和创业能力。全书共分六章，内容包括：树立职业理想、寻求自身职业发展、职业生涯规划、职业生涯管理、做好就业准备、培养创业能力。

本书可作为中等职业学校就业指导课程、创业教育课程的教材，也可作为从业人员的参考用书和学习资料。

图书在版编目（CIP）数据

职业生涯规划与发展 / 钟立新，陈光建主编. -- 镇江 : 江苏大学出版社，2014.6（2023.8 重印）
ISBN 978-7-81130-760-3

Ⅰ. ①职… Ⅱ. ①钟… ②陈… Ⅲ. ①职业选择－中等专业学校－教材 Ⅳ. ①G717.38

中国版本图书馆 CIP 数据核字(2014)第 121846 号

职业生涯规划与发展
Zhiye Shengya Guihua yu Fazhan

主　　编 / 钟立新　陈光建
责任编辑 / 李经晶
出版发行 / 江苏大学出版社
地　　址 / 江苏省镇江市京口区学府路 301 号（邮编：212013）
电　　话 / 0511-84446464（传真）
网　　址 / http://press.ujs.edu.cn
排　　版 / 北京谊兴印刷有限公司
印　　刷 / 北京谊兴印刷有限公司
开　　本 / 787 mm×1 092 mm　1/16
印　　张 / 11
字　　数 / 197 千字
版　　次 / 2014 年 6 月第 1 版
印　　次 / 2023 年 8 月第 11 次印刷
书　　号 / ISBN 978-7-81130-760-3
定　　价 / 29.80 元

编者的话

在日益严峻的就业形势面前，当代中职生既缺少前瞻性的职业规划指导，也急需系统性的创业指导。为了给中职学子提供有效的帮助，我们组织编写了《职业生涯规划与发展》一书。

本书根据教育部颁布的中等职业学校《职业生涯规划教学大纲》编写而成，并从实用的角度出发，增加了就业、创业的基本知识，旨在提高中职生的职业素质、求职能力和创业能力。全书共分六章，内容包括：树立职业理想、寻求自身职业发展、职业生涯规划、职业生涯管理、做好就业准备、培养创业能力。

本书具有以下鲜明特色：

❖ **内容实用**：本书从实用的角度出发，介绍了职业生涯规划的基本理论和就业、创业的基本知识，旨在帮助中职生正确、科学地规划职业生涯，掌握求职技巧，培养创业素质。

❖ **体例新颖**：本书充分借鉴优秀教材的写作思路和写作方法，在内容讲解中穿插了“寓言故事”“拓展阅读”“讨论区”“名人名言”“名人风采”“生活实例”等栏目，大大增强了本书的趣味性与可读性。

❖ **案例丰富**：书中列举了大量贴近中职生学习、生活的案例，有利于中职生举一反三，提高职业素质和职业能力。

为学习贯彻党的二十大精神，提升课程铸魂育人效果，本书专门在扉页“教·学资源”二维码中设计了相应栏目，以引导学生践行社会主义核心价值观，涵养学生奋斗精神、敬业精神、奉献精神、创新精神、工匠精神、法制精神、绿色环保意识等。

在编写过程中，我们参考了大量的文献资料。在此，向所参考文献的作者表示诚挚的谢意。

本教材由钟立新、陈光建担任主编，臧燕、彭培庆、赵雪贞担任副主编。由于编者水平有限，书中疏漏与不当之处在所难免，敬请广大读者批评指正。

本书配有精美的教学课件，读者可登录文旌综合教育平台“文旌课堂”（www.wenjingketang.com）下载。

目　录

第一章　树立职业理想

学习目标

◈ **认知**：了解职业、职业生涯、职业理想的内涵；理解职业理想对人生发展的作用；理解职业生涯规划对实现职业理想的重要性。

◈ **态度**：初步建立正确的职业理想，形成关注自己的职业生涯规划及未来职业发展的态度。

◈ **运用**：区分中职生职业生涯规划与其他人群职业生涯规划的不同，培养自信、自强的心态。

第一节　面向未来工作的职业生涯规划

职业生涯规划指引我走向成功

小张是某中职学校电气专业的毕业生，在校成绩优异，他的梦想是开一家电器维修中心。但现实离梦想越来越远，万般无奈之下，他回到母校，向他的班主任李老师求救。

小张告诉李老师：“中职毕业后，我满怀信心地走向社会，做的第一份工作竟然是推销员。专业不对口，整天忙忙碌碌，一个月才挣2 000元，半年不到我就辞职了。后来我在家人的帮助下找到了一份电工的工作，由于专业对口，工作起来得心应手，收入也迅速提高。一开始自己也挺满意，但想起自己的梦想，还是不甘心，于是我又辞去了工作。半年来，我一直在找工作，可哪份工作都不合适。我该怎么办啊？”

李老师耐心地倾听小张诉说，并帮助小张分析他的现状和条件，为他进行了职业生涯规划，使他对自己的职业生涯有了充分的认识。半个月后，小张到一家电器公司做维修工，虽然工资不高，但可以积累电器维修经验。

几年来，小张在工作中不断学习，电器维修技能越来越娴熟。前不久，在父母的帮助下，小张注册了一家小型电器维修公司，兼营小家电零售业务，终于实现了自己的职业理想。

一、职业与职业生涯

从进入职业学校开始，我们就与职业结缘，了解职业知识、尝试职业活动；不久的将来，我们还将以“准职业人”的身份走向社会，开始我们的职业生涯。

（一）职业的含义、特点和作用

讨论区

判断以下活动是否是职业活动：

（1）小赵整天无所事事，以偷盗为生。

（2）小毕是某职业学校二年级的学生，利用节假日在商场当售货员。

（3）小魏喜欢打篮球，这周除正常上课以外，参加了四次篮球比赛。

1．职业的含义

职业是指人们从事的比较稳定的有合法收入的活动。能称为职业的活动必须具备三个条件：一是有专门的分工；二是比较稳定，从事某种职业必须达到一定时间；三是有一定的合法收入。

2．职业的特点

（1）专业性

每一种职业都有一定的技术含量和技术规范要求。常言道：“隔行如隔山”，人们在从事某一职业之前，一般要接受特定的专业知识教育，并进行专门的技能或操作训练。随着经济社会的发展，职业对专业技术的要求越来越高。

（2）多样性

俗话所说的“三百六十行”在一定程度上反映了职业的多样性。随着社会分工越来越细，人们的生活需求越来越丰富，职业种类也越来越多，呈现出更加多样化的特点，这为我们规划自己的职业生涯提供了更为广阔的空间。

（3）时代性

职业的产生和演变与时代的发展和变化紧密相关。高科技时代催生了一批批新的职业，一些传统职业则不断被淘汰。这就要求我们顺应时代的要求，不断更新自己的知识，根据时代的变化调整自己的职业生涯规划。

3．职业的作用

职业对于我们每个人的生活、发展及自我价值的实现都有着重要作用。

第一，职业是谋生的手段。从职业中获得的收入是每一位从业者及其家庭成员生存和发展的主要经济来源。

第二，职业是进行社会交往的重要渠道。职业使我们以一定的社会角色进入社会，以较为固定的形式与外界交往，这种交往可以使我们保持与社会的联系，不致脱离社会。

第三，职业是实现人生价值的舞台。每个人都有自己的职业理想，理想的实现需要一定的机遇和物质条件，而职业中就蕴含着丰富的机遇和条件，它为每一个从业者提供了实现理想的平台。

拓展阅读

一项有关职业的调查

有人曾做过一项调查：当你拥有一笔不必工作也能维持生计的财产时，你会不会脱离职业人的行列？结果发现，竟然有 80%的人表示仍然愿意继续工作。理由如下：

- 工作是一种乐趣；
- 希望自己的内心保持充实；
- 以此维持自己的健康；
- 通过工作可以促进人际交往；
- 保持自尊心；
- 在工作中能不断提升自己。

（二）职业生涯的含义与发展阶段

1. 职业生涯的含义

职业生涯是指一个人一生的职业经历，即一个人一生中职业发展、职位变迁及职业理想实现的过程。

职业生涯对于个人发展的意义十分重大。拥有一份有成就感和自我实现感的职业是生活幸福、个人充分发展的重要基础。

2. 职业生涯的发展阶段

职业生涯发展的阶段一般以工作年限划分，每一阶段都有不同的任务。具体来说，职业生涯的发展可分为以下五个阶段。

第一阶段：职业准备。一般从 14～15 岁开始，延续到 18～28 岁。主要任务：发展职业想象力，对职业进行评估和选择，接受必需的职业教育。

第二阶段：就业与择业。一般集中在 17～30 岁。主要任务：在获取足够信息量的基础上，尽量选择一份合适的、较为满意的职业，并在一个理想的互动组织或机构中获得一份工作。

第三阶段：职业生涯初期。一般在就业后一两年到 40 岁。主要任务：学习职业技术，提高职业能力，了解与学习组织纪律和规范，逐步适应和融入组织，为未来的职业成功奠定基础。

第四阶段：职业生涯中期。一般为 40 岁及之后的工作时间。主要任务：对早期的职业生涯进行重新评估，强化或调整自己的职业理想，调适职业方向，努力工作，有所成就。

第五阶段：职业生涯后期。一般为退休前几年。主要任务：继续保持已有的职业成就，维护尊严，准备退休。

二、职业生涯的特点与职业生涯规划的重要性

职场上有句名言："今天你站在哪里不重要，但是你下一步迈向哪里却很重要。"成功的人生需要正确的规划，合理规划自己的职业生涯，是每一名中职生迈向成功人生的第一步。

（一）职业生涯的特点

1．独特性

每个人的个体状态不同，所从事的职业不同，其职业生涯也会有很大的不同。由于多年所从事的专业岗位的历练，每个人无论在生理、心理、习惯上，还是在行为模式上，都会打上所在岗位的烙印，从而形成不同的职业生涯状态。

2．发展性

职业生涯是伴随着个人的成长而发展的。每个人刚进入工作岗位与工作3年、10年、20年所经历的工作过程不一样，所在的岗位不一样，所做的工作内容也不一样，都处于不断发展中。

3．阶段性

每个人的职业生涯过程都可分为不同的阶段。前一阶段的状态是后一阶段的基础，前一阶段的状态越好，后一阶段的状态也越好。

4．终生性

一个人由幼年到老年是一个自然发展的过程，必须遵循由盛到衰的规律。人们在这个过程中不断地蜕变、成长，职业生涯也随之成为一种动态发展的历程。正确认识职业生涯的终生性特点，可以使人们正确地认识自己、做好规划，不使自己留下遗憾。

5．互动性

职业生涯是个人与他人、个人与环境、个人与社会互动的结果。从长远来看，职业生涯发展的关键在于人的自身及其与外部互动的水平。

（二）职业生涯规划的重要性

> 只有对职业做出正确的选择，才能使劳动愉快。
>
> ——克鲁普斯卡娅

职业生涯规划是指在对职业生涯的主客观条件进行测定、分析、总结的基础上，针对自己的兴趣、爱好、能力、价值观、职业素质等进行综合分析与权衡，确定最佳的职业奋斗目标，并为实现这一目标做出行之有效的安排。简单地说，职业生涯规划就是规划从开始工作到退休的整个职业历程。

对中职生来说，职业生涯规划的重要性主要体现在以下几方面：

首先，通过职业生涯规划可以充分认识自我，不断提升自我。在进行职业生涯规划时，人们会对自己进行评估，正确认识自己在个性、能力和兴趣等方面的优势和劣势。在对自己的优势和劣势进行对比分析后，确定目标，并且为了目标不断努力，不断地在各个方面提升自我。

其次，职业生涯规划能够使自己的奋斗目标更明确，同时增强自身发展的目的性与计划性。职业生涯规划是在充分认识自我和对外界环境进行评估的基础上做出的职业选择。有了职业目标和职业方向，也就确定了自己的奋斗方向，从而使自己的活动有了很强的指向性。

> **讨论区**
>
> 如果一个人没有进行职业生涯规划，会如何？如果一个人做出错误的职业生涯规划，会如何？如果一个人做出了正确的职业生涯规划，又会如何？

最后，职业生涯规划可以激发一个人的潜能，增加成功的概率。一个人有了自己的奋斗目标，也就有了前进的动力。在目标的指引下，人们往往会唤醒自己的潜能，爆发出惊人的力量。

生活实例

小强在初中时成绩特别差，但他有一个爱好——做菜。上职业学校时，他毫不犹豫地选择了烹饪专业。从不喜欢上课的他虽下定决心，开始努力学习，可就是管不住自己，因此经常受到老师的批评。但他对刀工、炒菜、配料、调酒等却很感兴趣，并抓紧时间练习这些基本功，因为他有一个梦想，那就是有朝一日成为知名的大厨师。

他用行动实践着自己的梦想，中职二年级时就考取了特级厨师证，还练就了一手绝妙的调酒手艺。一次，各界的企业老总来小强的学校参观，小强调出的色香味俱全的鸡尾酒让老总们赞不绝口，他当即就被一家五星级酒店看中。两年后，小强去了美国一家酒店工作。如今，他不但成为国内知名的厨师，还走向了世界，曾经的梦想终于变成了现实。

点评：了解自己，明确自己的爱好与优势，并趁早规划自己的职业生涯，对自己的成才起着非常重要的作用。

三、中职生职业生涯规划的特点

职业生涯规划的是自己的未来，因此，要以自身特点为出发点。中职生职业生涯规划具有以下特点。

（一）体现主体性

制定职业生涯规划，首先要明确自己的理想和志向，确定自己的职业发展目标，对自己的将来有所规划。进入职业学校后，中职生就是“准职业人”了，而且很快就要步入社会，只有明确自己将来想要干什么，才能制定出适合自己的职业生涯规划。

同时，制定职业生涯规划时还要了解自己的特点、优势、兴趣和不足，从而对自己有一个准确的定位，既不高估自己，又不妄自菲薄，从实际出发规划自己的职业生涯。

生活实例

小丽身材高挑，性格外向，从小就向往成为一名出色的“白领”。初中毕业后，她进入一所职业学校的文秘专业学习。

入校后的第一年，她便着手为自己制定职业生涯规划。她看了很多成功人士的职业生涯规划，但都觉得不合适。为此，她专门请教了老师，老师告诉她，要制定一份适合自己的职业生涯规划，首先应认清自己的性格、气质、优势、能力，然后给自己一个合理的定位。

小丽经过深思熟虑后，认为自己在人际交往与沟通方面有优势，现在所学的专业也比较适合自己，她决定：努力学好专业技能，进一步锻炼沟通能力与表达能力，逐步提高英语水平和计算机操作能力；在校期间，考取文秘英语、计算机等方面的资格证书，将来找一份文秘类的工作。就这样，她制定了一份属于自己的职业生涯规划。

点评：职业生涯规划只有符合自身条件，才能激励我们朝着自己的目标前进。

（二）突出专业性

制定职业生涯规划时要立足本专业，这样在择业时才能更具针对性和方向性，才能在就业市场中准确地找到自己的位置，实现自己的职业理想。

此外，中职生制定职业生涯规划时还要深入了解自身的专业优势是什么。中职生作为专业技能型人才，专业技术方向明确，通常能学会一技之长。如果能根据自身长处和专业优势规划职业生涯，顺势而为，就会在将来就业时更具竞争优势，在未来的职场中也会如鱼得水。

（三）注重实践性

制定职业生涯规划，要针对自身学习和未来职业的特点，突出实践性的导向，要把参加实训实习和社会实践、不断提高动手能力和实际操作能力作为制定职业生涯规划的出发点。

因此，我们不仅要明确自己的职业方向，还要了解工作实践对该职业的要求，针对职业对从业者素质和能力的要求来进行规划。特别是要在规划中突出对动手能力、操作能力的培养，要利用实习、实践环节完成所学专业与未来职业的接轨。

思考与练习

1．在一次大型招聘会上，毕业于某职业学校的小何向一家汽车公司申请销售员的岗位。他学的是汽车维修专业，在校期间各门功课都很优秀，毕业后的五六年里换了七八份工作，从事过医药、空调、电子产品等的销售，但没有汽车销售方面的工作经历。招聘者看了他的简历后认为，如果他毕业后稳定地从事过汽车方面的工作，则是公司需要的人选，但是他没有这方面的工作经验，所以公司无法录用他。

请根据上述材料，分析职业生涯规划对中职生的重要性体现在哪些方面。

2．与身边的高职生或本科生组织一次郊游或其他活动，在活动中增进彼此的交流，看看他们都有哪些职业生涯规划，思考他们的职业生涯规划有哪些特点，在哪些地方与我们不同。

第二节 职业理想的作用

成功属于有理想的人

小王是某中职学校旅游管理专业的学生，她心中一直有个梦想，就是成为一名知名导游，带领来自不同国家、不同地区的游客饱览祖国的名山大川，把我国的旅游业向前推进一步。

小王是个有心人，她一直在为心中这个理想而努力。她知道，要成为知名导游，除了要具备过硬的专业素质外，还要依靠知名的旅行社，这样才能为自己赢得更多的机会。

为了实现理想，每逢假日，小王都到国际旅行社去实习。每次实习，都能给她一些感悟，使她发现自己的优点和不足之处。为了弥补自己的不足，她整天跑图书馆查找资料，阅读有关旅游地理方面的书籍，还经常买一些旅游方面的资料，这些都是为她日后做知名导游打基础的。

有了在校的这些积累，毕业后小王很快就被一家知名的国际旅行社录用了。这对她来说，又向心中的理想迈近了一步。现在，她已经是业界小有名气的导游了。

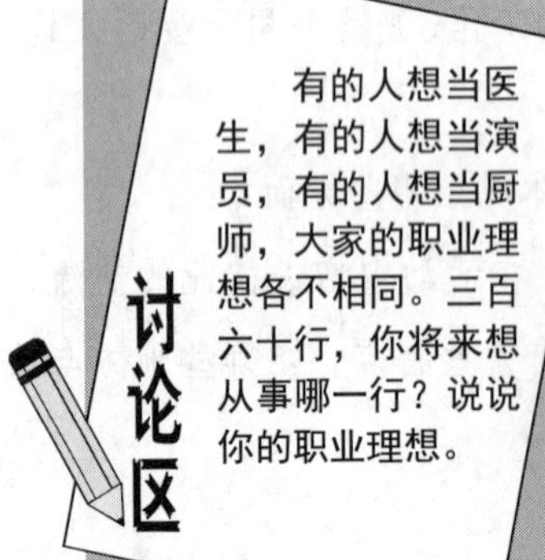

职业理想是指个人对未来职业的向往和追求，既包括对将来所从事的职业种类和职业方向的追求，也包括对事业成就的追求。作为理想的重要组成部分，职业理想体现了人们的职业价值取向，直接指导着人们的择业行为。在职业生涯中，只有确立职业理想，才能收获希望，走向成功。

一、职业理想对人生发展的作用

人的发展离不开职业，职业是现代人生存、发展的重要舞台。理想往往与职业相关联，对于现代人而言，职业理想早已成为人生理想的重要组成部分。

（一）职业理想是人生的奋斗目标

在人生道路上，人们通过职业活动来追求物质生活、精神生活水平的提高，追求人生价值的实现，追求社会对自己的认同。人们对美好生活的追求和向往，往往要通过职业活动来实现。确立职业理想，就是为自己确立了人生实践活动的目的和人生的奋斗目标。

新龟兔赛跑

兔子自从因为自满和偷懒而输掉第一次比赛之后，便关起门来进行深刻的自我反省，并且给自己约法三章：第一，决不服输；第二，决不自满；第三，决不偷懒，对任何事都要全力以赴。

一个月之后，兔子又找到了乌龟，要求再比一场，乌龟勉强同意了。一个风和日丽的早晨，在老虎、猴子、大象等动物的监督公证之下，比赛开始了。发令枪响后，兔子一溜烟地飞奔而去，而且，一路上，兔子不断地自我激励："我是最棒的！加油！我一定能成为第一！"

可是，最终的结果却是乌龟这一次又获得了第一名，兔子又输掉了！

为什么？

答案是：兔子跑错了方向。

启示：任何成功都建立在一个基本前提之上，即正确的方向。职业理想就是人生前进的方向、奋斗的目标。

（二）职业理想是人生力量的源泉

生活好比旅行，理想是旅行的路线，失去了路线，只好停止前进了。生活既然没有目的，精力也就枯竭了。

——雨果

职业理想作为一种可能实现的奋斗目标，是人们实现职业愿望的精神支柱和力量源泉。在力所能及的范围内，追求的目标越高，直接激发出来的动力就越强。在人生发展过程中，职业理想不仅可以激励人们对自己献身于其中的事业产生自豪感和光荣感，而且可以促使人们产生实现理想的责任感和紧迫感，并为实现理想而奋斗不息。

（三）职业理想促进人生价值的实现

人生价值分为个人价值和社会价值两个层面。个人的生存、发展是个人适应社会、融入社会、改造社会的过程，是在推动经济社会发展过程中的自我完善。无论从什么角度去实现自己的人生价值，都要依托某个职业。对职业理想的追求，必然促进人生价值的实现。

二、职业理想对社会发展的作用

每个人都是社会的一分子，每个人在自己的工作岗位上辛勤工作，都为社会、为人类做出了自己的贡献。个人职业理想的树立和为之付出的努力，在客观上推动了社会的发展和进步。

（一）职业理想是社会进步的助推器

职业具有明显的社会性，每个人所从事的职业活动既是在为实现自己的职业理想而努力，也是在为社会创造价值，履行

公民对社会应尽的义务。

如果每个从业者都乐业、勤业、敬业，各行各业都正常运转，社会就会不断向前发展，而能使从业者乐业、勤业、敬业的最佳动力就是职业理想。每个从业者如果都能坚守自己的职业理想，在职业理想的引领和激励下努力工作、奋发有为，主动把精力倾注到自己的职业活动中，就一定能在实现个人职业生涯发展的基础上，推动经济发展和社会进步，从而为实现全社会的共同理想做出自己的贡献。

名人风采

我国著名桥梁专家茅以升从小好学上进、善于思考，11 岁时在家乡看到端午节龙舟比赛中桥塌人亡的悲惨情景，便暗下决心：长大一定学造桥。

从此，他处处留心桥、观察桥。15 岁时，他以优异的成绩考入唐山路矿学堂学习。5 年里，他记录了 200 本笔记，约 900 万字，摞在一起，足有一人多高。1937 年，他主持设计和建造了中国桥梁建筑史上第一座现代化大桥——钱塘江铁路公路两用桥。从此，茅以升的名字和我国许多新建大桥一起，永远留在祖国的大江南北。

（二）职业理想是构建和谐社会的基础

职业活动是促进社会稳定的重要手段。从业者通过自己创造性的劳动，为社会发展做出贡献。经济社会发展了，又能创造出更多的就业岗位，为更多的人创造就业机会，为从业者增加报酬，从而有助于从业者及其家庭物质和精神生活水平的提高，而这一理想的社会状态来自于每个社会成员都有自己的职业理想。如果每个人都能通过正当的职业活动去追求职业理想，就一定能在社会需要的工作岗位上发挥聪明才智，为构建和谐社会做出贡献。

生活实例

小杨是某职业学校畜牧专业的毕业生。家乡贫困的现状促使他从小就立志学好专业技能，带动和帮助乡亲们共同致富。毕业时，小杨选择了一条与大多数同学不同的道路——他没有像同学们那样选择留在城市，而是怀揣着理想回到了“农门”。

小杨家乡的自然条件特别适合养殖白鹅，但由于都是散户养殖，规模效益不明显。小杨在校学习时就已经开始思考这个问题，并有意识地加强了这方面的学习。毕业后，小杨来到了白鹅养殖基地，经过努力，他的白鹅远销广州、深圳，小杨在当地也被称为“养鹅大王”。

先富起来的小杨没有忘记身边的乡亲，他毫无保留地向乡亲们传授养殖白鹅的经验，并主动介绍产品的销路，甚至还聘用了两名同学，解决了他们的就业问题。

点评：小杨养鹅取得成功后，向乡亲们传授养鹅知识，既可以带动大家共同致富，又有利于当地的整体发展。

三、职业生涯规划与职业理想的实现

为了确保职业理想的实现，发挥职业理想对人生发展和社会发展的作用，做好职业生涯规划是十分必要的一步。

（一）职业生涯规划促进职业理想的实现

如果对自己的职业生涯没有科学的规划，再正确、再崇高的职业理想也会成为空中楼阁。做好职业生涯规划，就是为了更好地实现职业理想，更充分地发挥职业理想的导向作用和动力作用。

通过规划自己的职业生涯，可以更加明确自己的发展目标和努力的方向；可以细化实现目标和理想的

具体措施，能够自我督促、自我激励；可以将实现职业理想的步骤加以细化，使其更具有操作性，使职业理想不再是空洞的口号，而是转化为实实在在的行动。

为了实现职业理想，我们应当从现在开始，着手规划自己的职业生涯，一步一个台阶，朝着自己的职业理想不断迈进。

名人风采

一个小伙子在中学时期便立志从商。他中学毕业后没有直接去读贸易专业，而是选了工科中最基础、最普通的专业——机械制造。

这着棋很妙，因为要想从事商贸相关的职业，就必须具备一定的专业知识。在贸易中，工业产品占据了贸易商品的绝大多数，如果不了解产品的性能、生产制造情况，就很难保证贸易的收益。而且，工科知识的学习不仅能够丰富一个人的知识技能，还能帮助一个人建立起严谨求实的思维体系，锻炼推理分析能力，培养脚踏实地的工作态度。这些素质对经商有着极大的帮助。

大学毕业后，这个小伙子按照计划攻读了经济学的硕士学位。其间，他不仅掌握了经济学的基本知识，厘清了影响商业活动的众多因素，还特意学习了经济方面的法律知识。

获得硕士学位后，这个小伙子仍然没有立即投身商海，而是考了公务员，去政府部门工作。在政府部门工作了5年后，他从稚嫩的热血青年成长为一名老成持重的公务员，在处理人际交往方面逐渐变得机敏、老练、处变不惊。这让他在后来的商业生涯中能驾轻就熟地处理各种关系。

5 年的政府工作结束之后，这个小伙子已完全具备了成功商人所需具备的各种条件，可谓羽翼丰满。于是，他辞职下海，到一个大型贸易公司工作。经过两年的学习，他熟练掌握了商情分析技能与商务沟通技巧。这个时候，他辞职并开办了自己的商贸公司，开始了梦寐以求的商业生涯。

由于为职业发展所做的准备工作十分充分，这个小伙子几乎学会了商人应掌握的一切知识，他的生意开展得异常顺利，而他本人也成为商界的一个传奇人物。

（二）实现职业理想需要合理规划

职业生涯规划虽然对实现职业理想很有帮助，但并不是随意做个规划就可以促进职业理想的实现，职业生涯规划必须科学、合理。我们制定职业生涯规划时，要努力做到以下几个方面，以确保职业生涯规划合理、可行。

首先，要瞄准职业理想，以职业理想为目标，不能偏离这一目标。

其次，要立足自身，从自己的实际条件出发，制定适合自己的职业生涯规划。如果对自己的情况不了解，不清楚自己想干什么、适合干什么、能干什么，就盲目地制定职业生涯规划，那么，职业理想的实现肯定会成为泡影。

最后，要综合考虑社会因素，如了解市场需要什么人才、当地有哪些资源可以利用、哪些人际关系有助于实现职业理想等。

生活实例

小张是个农村孩子，想当电工，他听说某职业学校有电气专业，就报考了这个学校。上学后，小张听说前几届的毕业生有到大公司工作的，小张想：“我虽是农村娃，也要争取到大公司去工作。”为此，他在校期间刻苦学习、表现出色，后来被分配到某大公司实习。

小张希望毕业时能留在该大公司工作，所以非常珍惜这个实习机会。他深知“早起的鸟儿有虫吃”的道理，于是每天第一个来到单位，做好卫生，准备好各种工具。工作时，他从其他人不愿干的最脏、最累的活干起，虚心向老师傅请教，并把心得、技巧等都记录下来，时不时拿出来温习。老师傅被他的真诚和好学打动，向他传授了很多修理技术的经验。实习结束后，小张被该大公司留用了。

点评：小张之所以能实现职业理想，是因为他制定了符合自身实际的职业生涯规划，并始终不渝地朝着目标努力进取。

思考与练习

1. 已经参加了多次面试的中职生小刘总结面试失败的教训时说:“我第一次参加面试时,主考官问我的职业理想是什么。我从来没有想过这个问题,脑子里一片空白,就只能说‘边做边看,慢慢摸索适合自己的方向’。当时就觉得自己没戏了,后来也的确没被录取。”

根据上述材料,谈谈职业理想对人生发展的作用。

2. 组织一次30分钟的主题班会,请同学们“晒晒”自己的职业理想。活动步骤如下:

(1) 分组讨论。全班分小组讨论自己的职业理想,并说说自己打算如何实现职业理想。

(2) 代表发言。每组推荐一名代表在全班发言。

(3) 点评。全班同学就代表们发言的内容自由发表看法,讨论制定职业生涯规划和不制定职业生涯规划对职业理想的实现会有何不同。

(4) 总结。每个同学针对这次活动写一篇总结,抒发自己的感想或记录自己的心得。

第二章　寻求自身职业发展

学习目标

◈ **认知**：了解所学专业及其对应的职业群和相关行业；了解职业资格与职业生涯发展的关系；了解职业对从业者的素质要求，了解“兴趣能培养、性格能调适、能力能提高”对职业生涯发展的重要意义。

◈ **态度**：树立“行行出状元、中职生能成才”的信念，形成正确的职业价值取向。

◈ **运用**：分析所学专业应达到的职业资格标准和自己的发展条件，了解所学专业的社会需要；体验性格调适和自我控制的过程；挖掘自己与职业要求相符的长处，找到存在的差距。

第一节　发展要从所学专业起步

飞翔的白天鹅

小慧出生于一个普通的农民家庭，个子不高，性格内向。初中毕业后，出于兴趣，她选择了某职业学校文秘专业。

在校学习期间，她努力学习专业知识，不仅各科成绩名列前茅，还利用业余时间自修了大专的文秘课程。为了提高专业技能，她每天坚持语言表达能力训练，还常常利用节假日去教学实习场所，强化文秘岗位的办公技能。经过努力，她考取了秘书职业资格证书和英语口语、计算机等多项技能证书。她给自己制定了一套提高文秘专业技能的“三个一”方案，即每天礼仪站

一站（练站姿）、每天口语说一说（练英语口语）、每天打字练一练（练电脑打字）。

功夫不负有心人，经过三年的不懈努力，小慧各方面的素质都有了很大的提高，还在市里举办的文秘专业“技能之星”竞赛活动中获得多项桂冠。毕业时，小慧受到多家用人单位的青睐，成为抢手人才。

一、专业和专业对应的职业群

中职生从迈进职业学校大门的那天起，就应开始为自己的职业生涯做准备。面对新的起点，我们要做的第一件事就是了解自己所学的专业，培养对所学专业的兴趣。只有掌握扎实的专业知识和技能，才能使自己赢在起跑线上。

（一）专业

中职生在校期间学习的专业知识，是为将来从事某一职业做准备的。可以说，专业是打开职场大门的一把金钥匙。

1. 专业的含义

专业是指根据学科分类或生产部门的分工把学业分成的门类，如会计、物流、电子商务、文秘等专业。

专业是依据社会经济发展、产业结构的变化以及市场对人才的需求而设置的，是个人职业生涯发展的起点，也是个人实现职业理想的基础。

讨论区

有人说：“中职生只要把专业知识学好，就可以走遍天下都不怕。”请说说你对此的看法。

2. 中等职业学校专业设置的特点

中等职业学校的专业是根据社会发展和经济建设的需求而设置的，具有明显的技术性和职业性。各专业都有相应的教学计划，以体现本专业的培养目标和要求。职业学校的课程是中职生就业的基础，是为中职生顺利就业和职业生涯发展服务的，表 2-1 所示为某职业学校市场营销专业的课程设置情况。

表 2-1　某职业学校市场营销专业的课程设置

公共课	专业课	实践课	选修课	技能训练
德育课：	会计基础	会计基础训练	心理学	普通话
职业生涯规划	财务会计	会计基本技能	中英文录入	珠算
职业道德法律	金融基础	计算机应用	英语口语	数字书写
经济基础	电子商务基础	财务会计训练	银行业务基础	点钞
哲学与人生	电算会计	英语听说训练	股票投资技巧	会计实务
文化课：	商业会计	书法	文学欣赏	口语表达
语文	银行会计	电算会计应用	影视欣赏	英语词汇
数学	市场营销	网络基础	旅游地理	电子商务
英语	推销实务	动画制作	国际贸易基础	营销演讲
体育与健康	税收基础	网页制作	超市营销	电脑小报
其他公共课：	经济法基础	Excel	证券基础	应用文写作
演讲与口才	企业管理基础	Word	健美操	形体
财经应用文	市场营销实务	Power Point	健康饮食	礼仪
公共关系	统计基础	多媒体技术	数学思维训练	
就业指导			营销心理学	

注：以上为前五个学期的课程，第六学期为学生顶岗实习或就业。

（二）专业对应的职业群

1．职业群的含义

职业群是指与基本技能相通，工作内容、社会作用和所需从业者素质较为接近的职业群体。

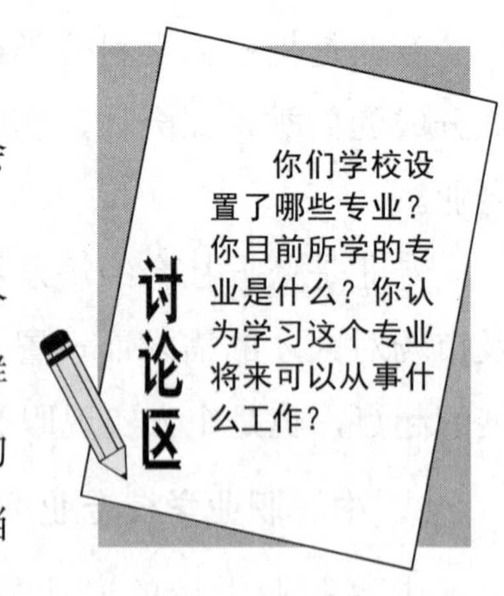

几乎每个专业都有与之相对应的职业群。一个专业既可以对应一个职业，也可以对应一个职业群或几个相关的职业群，甚至对应一个或几个相关的行业。如文秘专业可以与前台接待、行政助理、档案管理等职业相对应。

拓展阅读

专业与职业的关系

专业与职业既有区别，又有联系。专业为职业服务，职业对专业具有引领作用，每一个专业都为若干相近的职业群提供必要的基础知识和基本技能，两者的关系如图 2-1 所示。

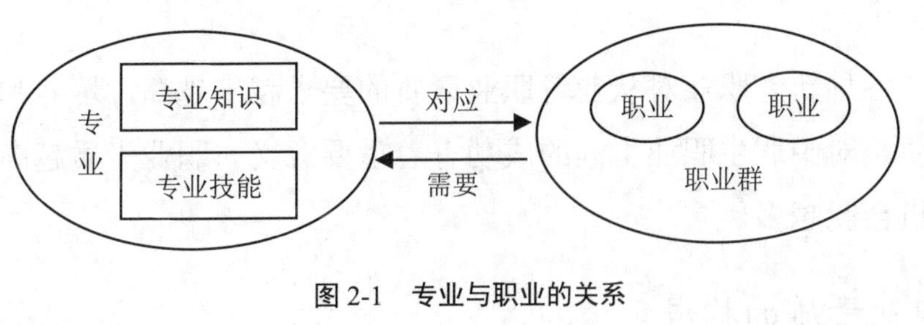

图 2-1　专业与职业的关系

2．中职生面对的两类职业群

对于中职生来说，所学专业对应的职业群有两类：适合中职生横向发展的职业群和适合中职生纵向发展的职业群。

（1）适合中职生横向发展的职业群

适合中职生横向发展的职业群主要体现为首次就业时择业面的拓展或今后可能转岗的职业。例如，计算机专业的学生可以从事多媒体设计、动漫制作工作，也可以从事网络维护、程序开发、计算机应用与维护等工作。

该类职业群能够帮助中职生拓宽眼界，深入了解自己所学的专业，从而找到适合自己个性发展的职业；为首次就业的中职生提供比较宽的择业范围，为中职生今后调整职业生涯发展方向提供可能。

（2）适合中职生纵向发展的职业群

适合中职生纵向发展的职业群主要体现为技术等级和职务的提升，是中职生有一段工作经历后可能晋升的岗位，是职业生涯发展潜在的岗位。例如，数控专业的毕业生可从中级工起步，逐渐晋升为高级工、技师、高级技师。

二、职业对从业者的素质要求

当前，各种新老职业对从业者职业素质的要求越来越高，培养和提高自己的职业素质，对中职生职业生涯的成功有着重要意义。职业素质越高的人，获得成功的机会就越多。

（一）职业素质的构成

职业素质是指从业者在一定的生理和心理条件的基础上，通过教育、劳动实践和自我修养等途径形成和发展起来，并在职业活动中发挥作用的一种基本品质。它主要包括思想政治素质、职业道德素质、科学文化素质、专业技能素质和身体心理素质五个方面。

1．思想政治素质

思想政治素质是指从业者在思想政治上的信仰或信念，包括世界观和价值观。它是职业素质的灵魂，对其他素质起着统领作用，决定着其他素质的性质和方向。

2．职业道德素质

职业道德素质是指从业者在职业活动中所表现出来的遵守职业道德规范的状况和水平，包括从业者在职业活动中表现出来的职业态度、职业行为规范、职业道德修养等。它是职业素质的核心，是从业者职业活动和职业生涯不断发展的根本保证。

拓展阅读

第三产业的职业道德要求

各行各业从业者应具有服务到位、准确无误的职业道德意识。随着经济的发展，第一、第二产业的发展越来越依赖于第三产业，对第三产业提出了更高的要求，要求第三产业提供及时、准确的信息，优良到位的服务和适用的人才。

各行各业从业者都应具有灵活便捷、快速高效的职业道德意识。发展第三产业的根本目的是快速高效获得社会化的生产服务、生活服务、信息服务。如果这些服务很慢、很死板，不能快速实现社会经济效益，甚至造成浪费，那就有悖于发展第三产业的意义了。

3. 科学文化素质

科学文化素质是指从业者对自然、社会、思维、科学知识等人类文化成果的认识和掌握程度，包括科学精神、求知欲望和创新精神。它是职业素质的基础。

4. 专业技能素质

专业技能素质是指从业者在专业知识和专业技能方面表现出来的状况和水平。中职生与同龄的其他年轻人的重要区别就在于，中职生掌握着扎实的专业知识和熟练的专业技能，具有在职业活动中改造自然、改造社会的实践能力。

拓展阅读

会计专业的中职生应具备的专业技能素质

（1）点钞和小键盘数字录入。能识别钞票真假，并快速准确地点钞；能快速准确地利用小键盘录入数字。

（2）记账、算账、报账、理财。能熟练运用会计知识填制和审核凭证、登记账簿、编制财务会计报告，能为有关各方提供企业真实完整的会计信息。

（3）计算机操作。能熟练运用计算机收集和处理信息，进行出纳、电算会计处理，开展电子商务、电子结算等工作。

（4）市场营销。能针对中小工商企业开展市场调查与分析，推销各种产品和服务。

（5）交往合作能力。善于协调关系，协同他人工作，富有集体荣誉感和团队精神，具有参与社会活动、处理交际事务以及运用语言文字等方面的能力。

此外，还应具备执行政策的能力，能够及时学习理解和掌握国家有关的财经法规和税收金融政策，并能运用于工作中；还应具有一定的外语听力和口语水平。

5．身体心理素质

身体心理素质是指从业者身体各器官的机能与个性心理品质的状态和水平，包括健康的体魄、健全的心理。其中，健康的体魄主要表现为体格强健、身体健康、动作协调；健全的心理主要表现为能力齐备、情感健康、意志坚强。身体心理素质是职业素质的载体，也是中职生获得职业生涯成功的重要条件。

拓展阅读

当代中职生心理健康的标准

当代中职生心理健康应具备以下十条标准：

（1）有正确的自我观念，能了解自我，悦纳自我。

（2）乐于学习、工作、生活，保持乐观积极的心理状态。

（3）善于交往，乐于交往，接受他人，尊重友谊。

（4）情绪稳定、乐观，能适度地表达和控制情绪，常保持轻松、活泼、快乐良好的心理状态。

（5）心理特点、行为方式符合年龄特征，保持一定年龄阶段的共性与个性的统一。

(6) 面对挫折和失败具有较高的承受力。

(7) 保持健全的人格。

(8) 面对现实的环境能保持良好的适应状态。

(9) 热爱生活、热爱集体，有现实的人生目标和强烈的社会责任感。

(10) 有一定的安全感、自信心和自主性，而不是过强的逆反心理。

（二）中职生提高职业素质的途径

中职生应当根据市场经济的要求，不断调整和充实自己，提高综合职业素质，增强谋生的本领，使自己能更好地就业或创业。

要提高职业素质，需加强职业道德修养，培养自己的敬业意识、责任意识和诚信意识；不断提高自身的专业技能，强化动手能力，以适应岗位的要求。同时，要积极参加社会实践，在做中学、学中做，把做和学结合起来，提高自己在实践中运用专业知识和能力的综合素质。

生活实例

“Ladies and gentlemen, welcome to Beijing!”在首都机场和北京的各大景区，常常可以看到一位面带微笑、用流利的英语为外国游客讲解的导游。她就是毕业于某中职学校的优秀外语导游小安。

刚入学时，小安特别喜欢英语课。通过努力，她很快当上了班上的英语课代表。进入二年级专业课学习后，她的英语水平不断提高，大家常常见到她在公园里和外国朋友用英语交流。后来，在北京市中等职业学校导游专业技能大赛中，她凭着流利的英语口语、扎实的专业功底获得了一等奖。经过不懈的努力，临近毕业时，小安又考取了英语导游资格证书。毕业后，她如愿以偿地成为一名英语导游。在带团的四年里，小安积累了丰富的经验，她专业的服务屡获游客好评。

点评：小安不断努力，使自己获得了从事导游事业所需的职业技能，因此如愿以偿地实现了自己的职业理想。

三、职业资格与职业生涯发展

取得职业资格不仅能提高职业选择的竞争力，而且有利于提高就业后的职业转换能力，从而有利于职业生涯的发展。

（一）职业资格

职业资格是指对从事某一职业所必备的学识、技术和能力的基本要求，包括从事某种职业所需要的生理和心理素质、思想品质、职业道德、职业知识、职业技能、实践经验等。

职业资格包括从业资格和执业资格。其中，从业资格是指从事某一职业的学识、技术和能力的起点标准，如教师资格、秘书资格等；执业资格是指依法独立开业或者从事某一特定职业的学识、技术和能力的必备标准，如执业医师、注册会计师等。

（二）职业资格证书

职业资格证书是国家发给达到职业资格规定的学识、技术和能力要求的劳动者的证明。职业资格证书是走向职业岗位的“通行证”，是通向就业市场大门的“入场券”。常见的职业资格证书包括行业单项技术证书、专业技术证书、公共技能水平证书、专业职务证书等。

- **行业单项技术证书**：如珠算等级证书、财会电算化证书等。
- **专业技术证书**：如汽车驾驶证、电工等级证书等。
- **公共技能水平证书**：如教育行政部门组织的计算机、外语等级测试，以及国家语言文字工作委员会组织的普通话水平测试所颁发的相应证书等。

- **专业职务证书**：如教师资格证、专业技术任职资格证书等。

考取职业资格证书的注意事项

首先，要注意资格证书颁发机构是否具有足够的权威性。劳动、人事、司法、教育等相关国家机构颁发的证书涉及从业及执业资格，权威性自不待言；国内部分行业协会颁发的资格证书在行业内也具有相当的权威性。

其次，要注意资格证书所涉及行业的前景。如果涉及行业不景气，或行业还未发展起来，就匆忙考到证书，结果要么找不到薪酬合适的岗位，要么到时知识已经过时，都不能达到“镀金”的作用。

最后，要根据自己的实际情况选择适合自己的行业。如果个人职业生涯规划与资格证书涉及的行业并不相符，勉强跟风报考，最终也只会让辛苦考取的证书垫箱底。

（三）职业资格证书制度

职业资格证书制度是劳动就业制度的一项重要内容，也是一种特殊形式的国家考试制度。它是指按国家制定的职业技能标准或任职资格条件，通过政府认定的考核鉴定机构，对从业者的技能水平或职业资格进行客观公正、科学规范的评价和鉴定，对合格者授予相应的国家资格证书。

在我国，职业资格证书制度是国家证书制度的一个组成部分，它是通过国家法律、法令或者行政条规的形式，以政府的力量来推行，由政府认定和授权的机构来实施。

（四）职业资格与职业生涯发展的关系

职业资格是职业生涯发展的前提和基础。当前，“双向选择，竞争上岗”已成为就业的主要形式，有学历并且具备多种职业资格的人才越来越受欢迎。拥有职业资格，可供选择的职业范围会更广，在职业生涯发展过程中也会有优势。

例如，文秘专业的毕业生如果不仅有学历证书，还有秘书职业资格证书和计算机等级证书，那么他便具备了一定的竞争力。

同时，职业资格作为从业者职业技能和水平的重要标志，已成为促进职业生涯不断发展的重要条件。随着年龄和工龄的增长、生活阅历和工作经验的积累，从业者对自己职称的评定、职位的晋升、工作环境的改善、生活质量的提高等都会提出更高的要求。在实现职业生涯目标的过程中，一专多能、专业水平和应用技能（如英语、计算机）水平高的人往往能获得更多的机会。

生活实例

小松毕业于某职业学校电气专业，在学校是优秀学生。他认为，凭自己的能力找个电工岗位是没有问题的。可是半年过去了，他仍然没找到工作，因为无论哪家单位招聘，都有这么一条要求：必须持有电工职业资格证书。

小松想不通："怎么都跟我要证书？我没证书，可我有技术呀！"

点评：中职生在学好专业知识的同时，还要考取相应的职业资格证书，以利于自己职业生涯发展目标的实现。

四、树立正确的成才观

现代社会对人才的需求是多样的。中职生要从社会需要出发，正确认识和发展自己的潜力，加强专业学习和技能训练，把职业理想和自己所学的专业结合起来，树立正确的成才观，做到干一行、爱一行，钻一行、精一行。

（一）三百六十行，行行出状元

常言道："三百六十行，行行出状元"，这句话在今天仍然具有重要的现实意义。人一旦进入社会生活，便要与一定的职业相联系，终身或较长时间从事某种专门职业，并以此作为谋生手段。各种职业都是社会发展所不可缺少的，

无高低贵贱之分。只要爱岗敬业、无私奉献、勇于创新，每个人都能干出一番事业来。

中华民族几千年的历史，就是各行各业的劳动者年复一年地辛勤耕耘、开拓进取、自强不息而创造的历史。一个人能否有所作为，并不在于他从事何种职业，而在于他能否将个人理想与职业需求统一起来。中职生正处于人生价值观形成的黄金时期，只要主动顺应社会发展需要，学好本领，不断进取，使自己的能力适应职业发展的需求，就能成为行业的“状元”。

名人名言

埋在底层的人才最值得敬重，他一辈子辛勤，一辈子奔忙，不求声誉和光荣，只有一种思想给他鼓动——为公众利益而劳动。

——克雷洛夫

生活实例

小唐毕业于某职业学校旅游与酒店管理专业。毕业后，她没有盲目地冲着那些高工资的企业去，而是来到了一家宾馆工作。

她们班一共有四名同学和她一起到了客房服务部。但不久，其他同学都陆续离开了，她们有的嫌客房服务工作脏、累、烦，有的说这样是在耽误自己的青春，还有的觉得在客人面前低人一等。

对此，小唐却有自己的看法：现在就业这么困难，要改行做其他工作并不容易；自己的专业就是客房服务，自己对这项工作也感兴趣；为客人服务是客房服务员的职责，没有什么丢人的。所以，尽管同学们都走了，小唐还继续坚持在这家宾馆工作。由于她专业素质好、虚心好学、吃苦耐劳，没过多久，就被提升为客房部主管了。

点评：职业没有高低贵贱之分。无论什么职业，只要我们努力工作，就能做出不平凡的成绩。

（二）学有所用

职业学校的专业设置大都建立在市场调研的基础上，体现了不同职业或岗位对人才培养的要求，既与国家产业分类及就业调整相适应，又具有超前性，从而有效地保证了绝大多数毕业生的就业需要。

随着经济发展和产业结构的升级，社会需要一大批具有一定职业素养的操作型人才，中职生的就业前景日益广阔。中职生要认真学习专业知识，掌握相关职业所需要的专业知识和基本技能，在实训、实习、社会实践中锻炼自己，注重培养自己吃苦耐劳、踏实肯干的品质，将来就一定能够找到用武之地，成为有用之才。

（三）认识自我，实现自我

如果说顺应社会需要、立足专业发展是个人成功的外部条件，那么认识自我和实现自我就是成功的内部要素，是职业生涯成功的根本条件。

认识自我是职业生涯成功的前提条件之一。在职业生涯发展过程中，如果自我主观评价和社会对自己的客观评价趋于一致，就容易成功，反之就会失败。中职生应了解自己的心理特征，经常进行自我反省，使自我主观评价日益接近客观评价。要注意培养自己的兴趣爱好，增强自己的适应能力，及时发现自己的优势和不足，扬长避短，找到适合自己的人生舞台，并在相应的舞台上演绎成功快乐的职业人生。

实现自我是职业生涯发展成功的内在动力。中职生正处于人生发展的重要阶段，要立足专业，挖掘自己的潜能，发挥自身的专业优势，以积极进取的心态确定自己的职业目标，为职业生涯发展打下坚实的基础。

思考与练习

1．小刘是一位计算机专业的中职毕业生，想在中关村谋份工作，可是，单凭一张中职文凭显得太苍白无力了，他一次次被无情地拒之门外。

运用本节所学的知识，帮小刘出出主意。

2．利用网络搜索自己所学专业对应的行业中有哪些知名企业，以及他们的招聘信息中对应聘者有什么具体要求。然后谈谈自己在校期间应如何提高自己的职业素质，以实现自己的职业理想。

第二节　发展要立足本人实际

从“舞蹈仙子”到“动漫画师”

小丽从小喜欢跳舞，初中毕业后进入一所中职学校舞蹈专业学习，被人称为“舞蹈仙子”。

然而，天有不测风云，一次交通事故致使小丽左腿骨折，成了残疾人，从此不能再跳舞了。小丽常默默流泪，于是便拿起画笔画画解忧。老师看到小丽的画，建议她转修美术，于是小丽依依惜别舞蹈，去了美术专业学习。

在学习美术的过程中，她发现自己有这方面的天分，逐渐有了自信。她经常一坐就是一整天，画纸堆满了一层又一层。功夫不负有心人，毕业后，多家广告公司邀请小丽去做设计，动漫城也邀她去工作，事业前景非常广阔。

可见，兴趣可以培养、转化，跳舞和画画虽说都是艺术，但毕竟有差别，尽管如此，小丽最终还是从热爱跳舞转为热爱画画。同时，每个人都有自己的潜能，只要注意能力培养，并付出努力，就可以获得职业生涯的成功。

一、兴趣分析与培养

兴趣是最好的老师，对人生发展有一种神奇的推动力量。发现并培养自己对专业乃至对职业的兴趣，就会对该职业表现出肯定的态度，并乐于发挥积极性，从而有助于事业的成功。

（一）兴趣与职业

兴趣是指一个人力求认识某种事物或爱好某种活动的心理倾向，这种心理倾向与一定的情感相联系。如有的人喜欢看书，有的人喜欢打球，有的人喜欢听流行歌曲等。

兴趣与职业的关系如下：一方面，兴趣对职业选择有重要作用。一个人做自己感兴趣的事情，就会投入更多的情感、时间和精力，可以发挥全部才能的 80%～90%；而且现在越感兴趣的事情，将来把它作为职业目标的可能性就越大。另一方面，各种职业的工作性质、社会责任、工作内容、方式、服务对象和手段不同，所以，不同职业对从业者的兴趣就存在着不同的要求。

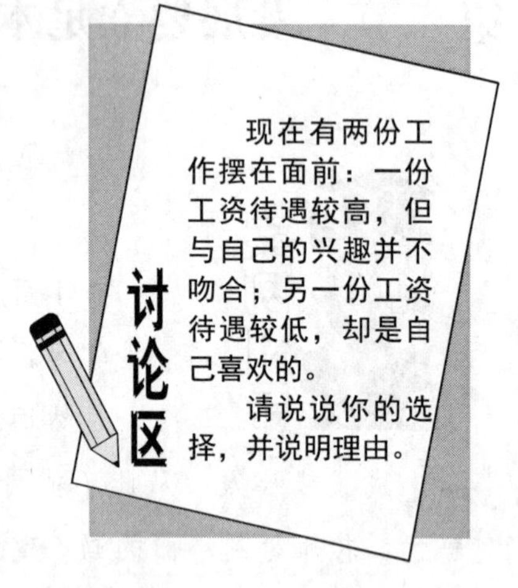

兴趣及其对应的相关职业

表 2-2 所示为兴趣与职业的对应关系。

表 2-2　兴趣及其对应的相关职业

组别	兴趣类型	兴趣特点	相关职业
第一组	喜欢自己动手修理自行车之类的东西 非常熟悉日常使用的小家电的性能 喜欢制作工艺品、装饰品	喜欢同事物打交道	工程师、修理工、建筑工等
第二组	热衷于参加集体活动 喜欢接触不同类型的人 喜欢在会议上积极发言	喜欢销售、采访之类的活动	记者、服务员、推销员等
第三组	喜欢没有干扰地、有规则地从事日常工作 喜欢预先对事情做周密安排	喜欢常规的、有规则的活动	图书管理员、办公室职员等
第四组	在日常生活中乐于为他人提供帮助 喜欢向别人传授知识和经验	乐于帮助别人，喜欢与人接触	医生、律师、护士等
第五组	喜欢主持班级集体活动 具有强烈的责任感和工作魄力	喜欢管理类工作，愿意掌管一些事情	辅导员、行政人员、管理人员
第六组	喜欢倾听人们谈论他们的想法 喜欢观察和研究人的心理与行为 喜欢读有关政治家、科学家的名人传记	喜欢谈论涉及人的主题，爱研究人的行为举止和心理状态	心理咨询师、人文科学方面的研究工作者
第七组	喜欢做具体的工作，而不喜欢抽象的活动 喜欢做那种时间短但能做得很好的工作	喜欢很快看到劳动成果，从中得到自我满足	厨师、园林工人、理发师、美容师等
第八组	喜欢创作 很想参加学校艺术团或艺术兴趣小组	喜欢富于想象力和创造力的工作	演员、设计人员、画家等

（二）职业兴趣的培养

职业兴趣是指人们通过参与某种自己感兴趣的职业而体验到心理上的满足后所产生的长期心理感受。

对于中职生来说，可以从以下两方面来培养职业兴趣：一是认识到专业、

职业的重要性，加强专业知识的学习与专业技能的提高，发现并培养兴趣，增强专业学习的自觉性；二是在实习、实训、实践中加强锻炼，体验学习中的乐趣，在实际工作中不断取得新成绩，强化成就感。

生活实例

小江一上初中就喜欢上了电子游戏，后逐渐发展为沉迷于网络游戏。初中毕业后，小江毅然选择了某职业学校计算机网络专业，以满足自己上网的欲望。

接触网络专业后，小江才知道该专业并非整天上网那么简单，好在自己对网络感兴趣，所以小江还是感到心满意足。在老师的引导下，小江掌握了计算机网络知识，并逐渐成为网站建设和网页设计高手。毕业后，小江进了一家网络公司工作。但他并不满足于现状，而是在原有基础上继续钻研网络知识，最终成为该公司的业务骨干。

点评：兴趣使小江选择了计算机网络，加上他在学习中努力锻炼，才使他走向成功。

二、性格分析与调适

人们常说“性格决定命运”，但是，我们不能把性格完全归因于天性，良好的性格也是可以调适的。

（一）性格与职业

性格是指人们在对待客观事物和社会行为方式中所表现出来的比较稳定的个性心理特征。它不仅表现在“做什么”方面，而且也表现在“怎样做”等方面。

不同职业对从业者的性格有不同要求。有的职业要求从业者偏向于内向性格，有的职业要求从业者偏向于外向性格。因此，中职生在选择职业时，要考虑自身的性格因素。心理学家告诉我们，根据性格选择职业能使自己的行为方式与职业工作相吻合，更好地发挥聪明才智，从而能得心应手地驾驭本职工作。同时，中职生正处于青年时期，可塑性极强，应不断提升自身素质，主动按照即将从事的职业应具备的素质来要求自己、完善自己。

三国演义中的张飞是一个性格十分暴烈的人，这种性格使他在打仗时冲锋陷阵，不畏生死；绣花女则心灵手巧，绣品都是她们一针一线细心完成的。

设想我们将张飞和绣花女调换一下，让张飞纫针绣花，让绣花女打仗，结果会怎样？

生活实例

一位老板想从小王、小李、小赵三位助手中选拔合适的人分别负责财务管理、推广业务、策划工作。这位老板想了解三位助手的性格特点，以便根据其性格安排合适的工作。于是，他安排三位助手下班后留在公司与他一起讨论问题。在这期间，他故意制造了一起假火警，以便观察三人的反应，了解他们各自的性格特点。

面对眼前的火警，小王说："我们赶快离开这里再想办法！"小李一言不发，马上跑到屋角拿出灭火器去寻找火源。小赵坐着不动说："这里很安全，不可能有火灾。"

老板通过对三人在"火警"面前不同反应的观察，了解了他们的性格特点。他认为小王适合做财务管理，小李适合做推广业务，小赵适合做策划工作。

点评：每一种工作都对从业者的性格提出了特定的要求。只有使性格与职业相匹配，才能最大限度地体现个人的人生价值。

（二）职业性格的调适

职业性格是指人们在长期特定的职业生活中所形成的与职业相联系的比较稳定的心理特征。

职业环境、实践活动和职业意识都会对职业性格的形成产生很大的影响，因此，职业性格是可以调适的。中职生可以从以下几个方面调适自己的职业性格。

1．严格要求自己

性格是比较稳定的心理特征，需要一个较长的培养过程，想一蹴而就改变自己原有的性格是不可能的。以所学专业对应的职业群对从业者的要求为目标，制定措施，严格要求自己，是中职生逐步提高自身素养、调适职业性格的必经之路。

2．向身边的优秀人物看齐

“榜样的力量是无穷的”，中职生可以从成功的亲朋好友中选出自己的榜样，总结他们的成功经验，重点了解他们调适和完善性格的动力，以及调适的方法和措施，并制定措施，逐步改善。

孟母三迁

孟子，名轲，战国时期鲁国人，是我国古代著名思想家，三岁时父亲去世，由母亲一手抚养长大。

孟子小时候很贪玩，模仿能力很强。他家原来居住在距墓地不远的地方，房旁就有不少坟墓，有时看见他人挖穴筑墓之类的事情，他感到好奇好玩，就很高兴地做起这样的游戏。应该说孟子这样做是少儿爱模仿的表现，并不意味着将来要成为一个帮人挖穴筑墓之人。可是孟母却从中看到了问题的严重性，认为这种生存环境不利于孟子的成长，于是就搬离了这个地方，在靠近集市的地方住了下来。

谁知孟子玩耍时，又模仿起商贾做买卖的游戏。孟母见状决定再次搬家，搬到离学校很近的地方居住下来。而后，孟子又模仿起学校的教师来，在家里摆设礼器，进

退很合礼节，孟母这才放下心来，“此地真可以居吾子也”，于是就在学校旁长期居住了下来。

启示：性格的形成会受后天的生活、学习和工作环境的影响，职业性格的形成也是如此。中职生可以向周围的榜样学习，培养良好的职业性格。

3. 主动参加社会实践

良好职业性格的形成离不开丰富的社会实践活动。中职生应当利用课内外的一切有利时机接触社会，积极参加实践活动，从中了解专业和职业对从业者职业性格的要求，并不断对自身性格加以调适和完善，提高对所学专业的适应能力，为工作后尽快适应职业要求做准备。

三、能力分析与提高

现代社会对从业者的能力要求越来越高，从业者不但要具备跨岗位、跨行业的综合职业能力，而且要具备根据市场变化不断开发自身潜能的创新能力。

（一）能力与职业

能力是指人们顺利完成某种活动所必须具备的个性心理特征。它是人的素质的集中、综合的体现，直接影响着人们的活动效率。

不同的职业对从业者的能力要求不尽相同。为了保证职业活动的顺利进行，各行各业都要求从业者必须具备特定的职业能力，以满足该职业活动的需要。在职业活动中，个人能力是否与职业要求相匹配直接影响着职业的成功与否。

（二）职业能力的提高

职业能力是指使职业活动顺利完成的个性心理特征。职业能力是就业的基本条件，是胜任岗位工作的基本要求，是个人取得社会认可并谋取更大发展的根本所在。因此，中职生应尽可能地提高自己的职业能力，具体可从以下几方面进行。

1．努力学习专业知识

能力发展是在不断掌握和运用知识、技能的过程中完成的，没有扎实的专业知识，就谈不上职业能力的提高和发展。因此，我们不仅应重视专业课的学习，还应当注重文化基础课的学习，为将来更好地掌握专业知识和专业技能奠定基础。

2．重视实践

实践是提高能力的重要途径。职业能力和职业实践是相互作用的：从事一定的职业实践需要以一定的职业能力为基础，职业能力又在职业实践中得到不断提高。

3．培养良好的品质

良好的品质对于职业能力的开发和培养具有重要作用，能使人保持旺盛的求知欲和进取精神，从而促进职业能力的发展。

生活实例

中职生小雨平时寡言少语，在班里只是个配角。其实她心里很羡慕有些同学能够在大庭广众之下有声有色地演讲，也很羡慕班干部拥有极强的组织能力，能把各种活动组织得有条不紊。

她意识到，在竞争就业的机制下，今后步入社会、走上工作岗位以后，如果缺乏语言表达能力和组织能力，就会失去很多机会。于是，她开始有意识地在小组会上积极发言，一次又一次地对着镜子进行演讲比赛前的自我训练，并与几个同学合作出黑板报，锻炼自己的能力。

终于，功夫不负有心人，她不但在演讲比赛中获了奖，还在其他活动中显示出极强的组织能力。

点评：只要在职业实践中刻苦努力，就能使职业能力有所提高。

四、职业价值取向分析与调整

一个人要想实现自己的职业价值，不仅要具备一定的知识、能力，还应当具备良好的心理素质和正确的价值取向。中职生在择业过程中存在着一些误区，因此，引导其调整职业价值取向有着重要意义。

（一）职业价值取向概述

职业价值取向是指人们对某个职业有无价值的固定态度与看法。职业价值取向包括对专业、职业本职的认识，选择专业、职业的标准，职业理想等内容，它对职业的发展有着重要作用。

从个人角度来看，职业价值取向可分为三种：一是维持并提高物质生活的需要，通过从事职业活动获取报酬，满足衣、食、住、行等方面的需求；二是满足精神生活的需要，发展个性，实现人生价值，尤其是在物质生活水平已经大大提高的今天，人们的这种价值取向已经变得愈发突出；三是承担社会责任的需要，也就是通过从事职业活动，履行自己在社会分工中应尽的义务，为祖国和人民多做贡献。

讨论区

小王从职业学校市场营销专业毕业后求职受挫，已经在家待了三个多月了。有人给她介绍了两份工作，她都谢绝了。第一次给她介绍的是做超市理货员，她嫌这份工作又累又脏，收入又不高，就谢绝了；第二次是做公司保洁员，她怕说出去被人瞧不起，所以也没去。

你觉得小王这种做法对吗？她应该怎样调整自己的职业价值取向？

（二）职业价值取向分析

中职生要明确自己的职业价值取向，确定自己在职业中最看重的是什么，这样既能减少求职过程中的困难，提高求职成功率，同时也能为以后的长远发展找准方向。在进行职业价值取向分析时，应注意以下几点。

1. 符合社会发展要求

只有符合社会发展方向，充分考虑到国家宏观调控的方向和社会潮流，把握行业、职业和岗位前景，从行业发展现状、优势与劣势等方面出发，理性而全面地思考问题，才有长远发展的可能。如果在职业价值取向分析中一味地强调自我，就可能使目标脱离实际。

2．做到人职匹配

应根据个人的实际情况，考虑自己的兴趣、性格、能力，做到人职匹配。不少中职生由于社会经验不足，择业时容易受他人、社会舆论影响，缺乏自己的独立见解，不能从自己的实际情况与自身优势出发进行切合实际的选择。如果以急功近利的心态去求职，可能会得到一些眼前的利益和满足，但从长远发展来看绝非明智的选择。

3．树立竞争意识，主动参与社会竞争

要通过多方面应聘、试岗，甚至做临时工来施展自己的才华；通过与其他就业群体比敬业、奉献精神，比苦干、实干作风，比专业、技能素质来体现自己的优势，争取理想的工作岗位。

（三）职业价值取向调整

当心理预期与社会发展和自身条件不符时，就要对职业价值取向进行调整，具体要注意以下几个方面。

1．适当定位，切忌“这山看着那山高”

要辩证地看待工作的优劣，今天好的工作并不意味着将来也好，今天看起来不那么吸引人的工作也不会永远没有发展机会。

2．看重发展，切忌“急功近利”

在求职过程中，往往要面对“鱼”与“熊掌”的选择，此时不妨站得高一点、看得远一点，把个人的发展和前途作为关注的重点，而把报酬放在次要地位。

3．立足自身实际，切忌“好高骛远”

要实事求是地检测一下自己的知识水平和职业能力，这样才能找到“有用武之地”的合适工作。现代社会的发展使竞争日趋激烈，只有提高职业能力，进一步整合、优化自己的知识结构和专业技能，做到人无我有、人有我优、人优我新，才能使自己在竞争中处于优势地位。

4．端正职业动机

要想在竞争中取胜，就必须有过硬的专业技术本领、高尚的职业道德情操、良好的职业道德习惯、热情的服务态度和吃苦耐劳的拼搏精神。因此，中职生在择业时必须端正职业动机，脚踏实地地从基层做起，以实现自己的职业生涯目标。

五、个人学习状况和行为习惯分析与改善

任何时候，我们都不能满足于现有的知识，而应该把眼光放长远一些，积极进取，学习不辍。同时，要养成良好的行为习惯，以适应未来职业发展的需要。

（一）学习状况的分析与改善

学习效果受到很多因素的影响，其中最主要的因素是学习动机和学习方法。因此，要改善学习状况，也可以从这两方面入手。

1．端正学习动机

学习动机是学习活动的推动力，又称“学习的动力”。学习动机是由各种不同的动力因素组成的，包括学习的需要，对学习必要性的认识及信念，学习兴趣、爱好或行为习惯等。只有正确认识所学专业的重要性，并了解将要从事的职业的基本要求，才能激发学习的动力，改善学习状况。

2．改进学习方法

学习方法是指一个人感知信息及获得信息的方式方法。要从个人实际出

发，采用适合自己的学习方法。每个人的智力和非智力因素都存在差异，学习习惯、特点也有所不同，因此，在采用科学的学习方法时，必须符合个人实际。“学有其法，学无定法”，最好的学习方法应当既是科学的，又是适合自己的。中职生要从实际出发，结合自己的情况，发挥特长，摸索适合自己的有效学习方法。

拓展阅读

可供参考的学习方法

（1）有切实可行的学习计划。

（2）重视预习和复习。

（3）听课时注意做好笔记，并常把材料归纳成条文或图表。

（4）注意归纳并列出学习中的要点。

（5）在阅读时常记下不懂之处。

（6）经常查阅字典、手册等工具书。

（7）认为重要的内容，就格外注意听讲和着重理解。

（8）联系其他学科内容进行学习。

（9）阅读中认为重要或需要记住的地方就画上线或做上记号。

（10）善于学习别人好的学习方法。

（二）行为习惯的分析与改善

习惯是指表现为惯性的态度和行为。行为习惯就像我们体内的指南针，指引着我们的行动。对中职生来说，养成良好的行为习惯对其职业生涯发展有着重要意义。因此，中职生既要养成好习惯，又要摒弃不良习惯，具体应从以下几个方面做起。

1. 明确目标

要想改掉不良习惯，首先要明确什么是好习惯，尤其是要明确未来所从事行业需要的企业优秀员工应具备的好习惯。这样才能看到差距，找到弥补差距

的突破口，找出自己身上迫切需要改掉的不良习惯。

2．循序渐进

> 谁若游戏人生，便会一事无成；
> 谁不能主宰自己，便永远是一个奴隶。
> ——歌德

行为习惯的养成和改善并不是一朝一夕的事情，好的行为习惯要在长期的学习和生活中通过自我磨炼、加强修养才能形成。因此，要随时审视自我而又不限于口头、流于形式，就必须加强自我监督，这不但可以及时肯定自己的进步，还能及早制止或纠正不良的行为习惯，把不良习惯扼杀于萌芽之中。

3．持之以恒

矫正“陋习”并非一件容易的事，对于中职生来说，在改善行为习惯的过程中，常常会因缺乏恒心和毅力而出现反复。因此，我们在思想上要高度重视，做到持之以恒。

思考与练习

1．中职生小杨毕业后在一家保险公司做起了业务员，但他天生性格内向、不爱说话，这份工作对他来说是一个极大的挑战。保险业务最难跨越的一步是“讲解关”，即要向陌生人讲解有关保险的品种和细则，讲解保险对于他（她）和他（她）家人的意义。要讲得精辟入理、扣人心扉，才能引起对方的兴趣。为了做好第一份工作，小杨下了很大的决心。

请根据上述资料，谈谈小杨应该如何克服性格内向、不爱说话的弱点。

2．从兴趣、性格、能力、职业价值取向、学习状况、行为习惯等方面，写出反映个人实际情况的语句。

（1）我是一个________________________的人。

（2）我是一个________________________的人。

（3）我是一个________________________的人。

(4) 我是一个____________________________的人。

(5) 我是一个____________________________的人。

(6) 我是一个____________________________的人。

写好后，将结果发给身边的同学、老师或亲友，请他们帮助评价一下你在各个方面的情况，然后提出具体的改进措施。

第三节　发展要善于把握机遇

限塑令带来的商机

一次性塑料袋曾经与我们的生活密切相关，它便宜实惠，有诸多方便，最重要的一点是，它是“免费”的，买东西时商家都会提供塑料袋装东西——其实商家已经把塑料袋的成本计算在商品中了。正当人们习惯并依赖免费的塑料袋时，为了减少环境污染，2007年12月31日，国务院办公厅下发了《关于限制生产销售使用塑料购物袋的通知》，明确规定:“从2008年6月1日起,在全国范围内禁止生产、销售、使用厚度小于0.025毫米的塑料购物袋。”在所有商品零售场所，实行塑料购物袋有偿使用制度，一律不得免费提供。

限塑令发布以后，有人欢喜有人忧，老百姓感觉不方便，塑料袋生产厂家认为失去了赚钱的机会。而中职毕业生小李知道了这个限塑令后，激动万分，他知道机会来了。小李立即着手进行市场调查,发现利用无纺布作为材料生产的购物袋生产周期短、成本低，而且还能够自然分解，燃烧无毒无味，无任何残留物质，不污染环境。调查结束后，小李认为其中大有商机。很快，小李在家人的帮助下开办了一个小型环保购物袋厂，形成从设计、生产到销售的一条龙服务，产品物美价廉，很受欢迎，不久便销路大开。

一、家庭状况变化分析

职业发展受多种因素的影响，包括个人的素质、业务能力，周围的环境条件等。其中，家庭状况是影响职业生涯发展的重要因素。

（一）家庭状况及其与职业生涯规划的关系

每个人都生活在家庭、学校、单位等编织的社会网络中，家庭在职业生涯发展的过程中会留下深刻印迹。家庭状况包括父母的职业背景、家庭的人际关系、家庭经济状况等内容，在很大程度上影响着个人的职业生涯规划和未来职业选择。

1. 父母的职业背景

父母的职业及从业经历必然对我们的职业生涯规划产生影响。如果父母是自己创业的，子女在长期熏陶中也会积累创业的意识和技能，尽管所从事的行业可能与父母不一样；如果父母的职业发生变化，这些变化也会给子女的职业生涯发展带来改变。

2. 家庭的人际关系

家庭的人际关系是重要的就业资源，对职业生涯的影响是多方面的，因此也是发现机遇和把握机遇必须考虑的因素。

3. 家庭经济状况

家庭经济状况及其变化不仅影响就业和创业的基础，也影响我们对机遇的把握和职业理想的实现。例如，家庭条件好的学生可以多学几门技术或继续深造，从而找到实现职业理想的捷径。

生活实例

小吴是某职业学校电子商务专业的学生，父亲下岗后开了一家果蔬批发公司，在当地小有影响。毕业后，小吴留在父亲公司工作，做一些力所能及的事情。他经常听父亲介绍公司里的一些情况，并对公司的进货、销售等方面都有了相当程度的了解，也积累了一些经验。

毕业五年后，小吴一个人去了北京，在父亲的指导下开了一家物流公司。期间，虽然经历了许多磨难，但由于有以前在父亲公司工作的经历及对物流业务的了解，公司运营很快就走上正轨。

点评：小吴有了父亲的引导和支持，做起事情来更加得心应手。

（二）重视家庭状况分析

进行家庭状况分析时，应注意以下事项：

（1）力求全面，坚持实事求是，不能照搬照抄别人的经验，也不要怨天尤人或盲目攀比。

（2）既要充分利用身边的有效资源来为自己的职业发展服务，也不能完全依赖父母。

（3）用动态的眼光、发展的观点来进行相关分析。家庭状况并不是一成不变的，可利用的资源也在不断发生变化。因此，要充分考虑变化因素，根据变化情况合理地确定和调整职业生涯规划。

二、行业发展动向分析

社会是发展变化的，职业也处于不断发展变化之中。中职生应把握社会发展动态，从中寻找机遇，为职业生涯规划做好准备。

（一）行业概述

行业一般是指按生产同类产品或具有相同工艺过程或提供同类劳动服务划分的经济活动类别，如饮食行业、服装行业、机械行业等。

国民经济行业划分遵循经济活动的同质性原则，也就是说，每一个行业类别都是按照同一种经济活动的性质划分的，而不是根据部门管理、编制或会计制度来划分的。表 2-3 所示为我国国家标准中的 20 个行业门类及其编码。

表 2-3 我国国家标准中的 20 个行业门类及其编码

编码	行业	编码	行业
A	农、林、牧、渔业	K	房地产业
B	采矿业	L	租赁和商业服务业
C	制造业	M	科学研究和技术服务业
D	电力、热力、燃气及水生产和供应业	N	水利、环境和公共设施管理业
E	建筑业	O	居民服务和其他服务业
F	批发和零售业	P	教育
G	交通运输、仓储和邮政业	Q	卫生和社会工作
H	住宿和餐饮业	R	文化、体育和娱乐业
I	信息传输、软件和信息技术服务业	S	公共管理、社会保障和社会组织
J	金融业	T	国际组织

（二）行业发展与职业生涯发展的关系

中职生的职业生涯发展与即将从事的行业发展动向密不可分。行业发展为个人发展提供机会，把自己的职业生涯发展融于行业发展中，借行业发展提供的机遇发展自己，会让自己的职业生涯发展更加顺利。

（三）关注行业发展动向

中职生应了解所学专业、所在行业的发展动向，主要包括以下五个方面：

（1）本行业出现的新技术、新工艺。

（2）本行业产生的新职业、新岗位。

（3）本行业与相关行业之间的动态关系。

（4）本行业对从业人员的各方面要求。

（5）国家、地方和外资对本行业及相关行业的投资动向，以及本地区同行的状况。

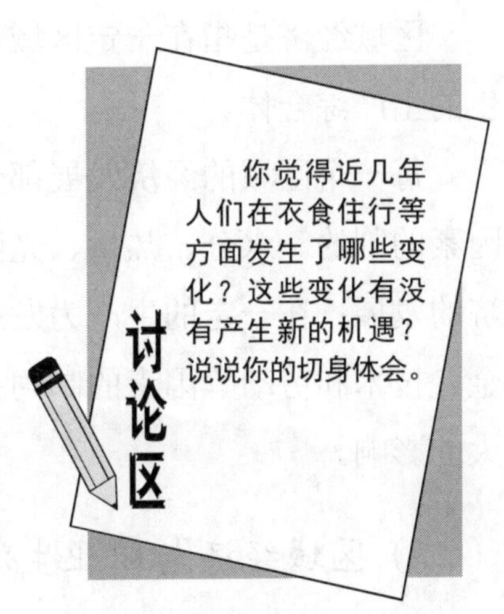

生活实例

小夏初中毕业时了解到，中国的旅游业有很大的发展前景，进而对导游这个职业会有大量的需求。性格外向、喜欢不断体验新鲜事物的她立即被导游这个职业深深吸引，于是决定学习导游专业。

在校期间，小夏通过各种途径搜集旅游业的发展动态，了解各种热点问题，并通过努力学习掌握了导游所需的专业知识和相关技能。凭借自己的能力与掌握的专业技能，她很轻松地就找到了一份待遇不错的工作。

点评：机遇总是青睐于有准备的人。小夏根据行业发展动态明确了需要掌握的专业知识和专业技能，最终找到了心仪的工作。

三、区域经济发展动向分析

社会是变化的，我们所处的区域经济也在不断地发生变化，这些都为我们的职业发展提供了许多有利条件。我们要善于把握区域经济的特色，找到合适的发展平台。

（一）区域经济概述

区域经济是指在一定区域，经济发展的内部因素与外部条件相互作用而产生的生产综合体。

每一个区域的经济发展都受到自然条件、社会经济条件和技术经济政策等因素的制约。水分、热量、光照、土地和灾害频率等自然条件都影响着区域经济的发展；在一定的生产力发展水平条件下，区域经济的发展程度受投入的资金、技术和劳动等因素的制约；技术经济政策对于特定区域的经济发展也有重大的影响。

（二）区域经济与职业生涯发展的关系

区域经济与职业生涯发展存在着互相推动、共同发展的关系。随着用人制

度的进一步市场化和户籍制度的改革，毕业生就业的跨区域流动速度加快，范围更广，毕业生就业不再紧盯着出生地、学校所在地或者几个大城市，异地求职、全国网络招聘、跨区域就业成为毕业生的就业趋势。同时，各地政府为吸引人才，也大力开展区域人才服务合作，实现人才资源的合理配置。

（三）关注区域经济发展

我们在分析区域经济发展动向时，应把重点放在两个方面：一是与从业者职业生涯发展有直接联系的区域经济特点；二是本地区区域经济与其他地区区域经济的比较。如果从业者能准确把握这两点，既可以及时抓住有利于自身发展的机会，也可以验证个人发展目标是否符合经济社会发展需要。

从现实角度来讲，许多可贵的灵感都孕育在大量、细致的信息收集过程之中。在不断浏览和收集区域经济特点信息的过程中，很多人找到了个人发展的机会，找到了有特色的发展方向，从而成为成功的职业人士。

生活实例

小崔的老家甘肃静宁是一个贫困县，这里干旱少雨，大部分农民都是靠天吃饭。国家实施西部大开发战略和农业结构战略性调整，为发展甘肃省特色农业提供了有利的机遇和广阔的空间。静宁县抓住西部大开发的机遇，根据本地实际开发了一系列新的种植方法，苹果套袋栽培就是其中一种。

小崔从林业学校毕业后，恰巧赶上国家实施西部大开发战略，他抓住了这个有利时机，积极投身到家乡的新技术推广和新品种的栽培中。小崔和家乡的果农一起努力钻研，摸索出了既适合静宁县自然条件，又能实现优质丰产的新技术，栽培出了新品种，为苹果产业的发展提供了科技支撑，获得了巨大的社会效益和经济效益。

点评：小崔了解家乡的区域经济特色，并善于抓住这些有利条件，从而找到了合适的就业之路。

思考与练习

1. 大连是充满活力的新兴服装城，起步于20世纪70年代末期，脱颖而出于80年代，崛起于90年代。

如今，大连已经形成了自己独特的服装文化，美丽的服装城也为区域内外的人才提供了很多就业机会。毕业于中职学校的小琪对服装情有独钟。上学时的耳濡目染促使她毕业后进入了服装行业，一开始自己卖服装，后来做厂家代理。小琪往返于大连与各大城市之间，享受着经营服装带给她的快乐。

请根据上述材料，谈谈大连有何独特的发展资源，以及这些资源为小琪的就业提供了哪些机遇。

2. 选定一个与自己所学专业相关的行业，上网查查该行业近几年的发展情况，看看它能为你的职业生涯发展提供哪些机遇。

第三章　职业生涯规划

学习目标

◈ **认知**：了解职业生涯发展目标的构成；理解发展目标与发展条件的关系；理解近期目标和发展措施的重要性。

◈ **态度**：形成制定职业生涯规划必须实事求是的观念，确立“适合自己的发展目标是最好的目标”的发展理念，形成脚踏实地实现发展目标的态度。

◈ **运用**：根据本人实际和经济社会发展需要，确立职业生涯发展目标，构建发展台阶，制定发展措施。

第一节　确定发展目标

他的选择没有错

晓强是某职业学校数控专业的毕业生，现在是全省最年轻的高级技师。提起他，很多人都说他太幸运了。

晓强在校时参加全市数控车工技能竞赛，荣获第一名，破格得到了高级工证书。毕业时，他表哥要晓强到自己开的电脑公司做管理人员，一家大型企业也点名要他。

到表哥的公司不但报酬高，还可以沿着管理方向发展。可晓强知道自己不善于处理复杂的人际关系，不适合从事管理工作；而且自己学的是数控技术，缺乏 IT 行业的知识背景，不能确定在 IT 行业能走多远。最终，晓强选择了去那家大型企业开数控车床，并下决心成为高级技师。

机加工是他喜欢的工作，他加工的工件精度高，从没出现过次品。一次，某外商急需加工一批零件，找了几家单位，都达不到技术要求。外商找到晓强所在的企业，晓强主动请缨，通过反复试验找到规律，很快加工出符合要求的产品，既帮外商解了燃眉之急，又为企业赢得了声誉。通过几年实践，晓强成了企业里屈指可数的技师之一。因为工作出色，晓强几乎年年被评为先进工作者，并获得市“五一”劳动奖章和省“劳动模范”光荣称号。随后，晓强又参加了省职工技能竞赛，以第一名的优异成绩获得“技术能手”称号，获得高级技师资格证书，成为全省最年轻的高级技师。

回顾自己走过的路，晓强庆幸当初的选择没有错。他现在正在思考：科学技术发展这么快，数控设备不断更新换代，自己怎样才能走得更高、更远。

一、职业生涯发展目标的构成

为了实现自己的职业理想，在进行职业生涯规划时，我们一定也会为自己设立各种目标，这些目标有的离我们很远，有的近在眼前。按照由远及近的顺序，我们可以将职业生涯发展目标分为长远目标、阶段目标和近期目标。

（一）长远目标

在一个崇高的目标支持下，不停地工作，即使慢，也一定会获得成功。

——爱因斯坦

长远目标是指沿着职业理想指引的方向所确立的最远期的奋斗目标。长远目标是一个人职业生涯发展的骨架，是决定职业生涯规划成功与否的关键性因素。

对中职生来说，长远目标既可以是奋斗方向、范围，也可以是具有激励作用的某个职业。但无论哪种类型，都应该符合社会发展需要和本人的实际。只有经过认真分析而选择的结果，才能激励我们在学习阶段克服困难、创造条件、努力奋斗，也才能使我们避免随波逐流、浪费青春。

确立目标有多重要

确立目标有多重要？美国斯坦福大学曾经对此做过一项调查，他们随机抽取了一群年龄、智力、学历等都大体相同的人，调查发现 27%的人没有什么目标，60%的人目标模糊，10%的人有明确目标，3%的人不仅有明确的目标，而且能把目标写下来，经常对照检查。

25 年之后，美国斯坦福大学再次对这群人进行调查，结果发现：当初 27%没有目标的人都处于社会的最底层，他们贫困潦倒，靠社会救济金过日子，有的甚至成了流浪汉；60%目标模糊的人普普通通，没有什么作为；10%目标明确的人成为白领阶层，属于专业人士，部分已经进入上流社会；3%把目标写在纸上并经常检查的人，成了社会顶尖人士及各行各业的领袖。

（二）阶段目标

阶段目标是指根据个人具体情况所做出的实现长远目标的具体计划。阶段目标介于长远目标与近期目标之间，起着承上启下的作用。一方面，阶段目标要服从长远目标，也就是要根据长远目标所要经历的阶段和所需要的时间，采用倒计时的方式一步步往回倒着设计，将长远目标分解为与之方向相同的一个个阶段目标。另一方面，阶段目标又与近期目标相关，近期目标的制定和更替是为不断实现阶段目标做准备的。

形象地说，阶段目标就是引领我们从眼前的近期目标走向未来长远目标的“路标”和“里程碑”。如果没有这些“路标”的指引，我们很难将眼前的学习、训练和未来的职业成功联系起来。因此，有无阶段目标常常作为我们判断职业生涯规划优劣的重要标志。

（三）近期目标

近期目标就是当前所面临的第一个目标。再远大的事情也要从眼前做起，可以说，近期目标是迈向长远目标的第一步。近期目标最大的特点就是只要自己努力，就一定能实现。所以，近期目标一定要是切实可行的，常常表现为具体的行动，包括工作、学习、教育、培训等方面的计划和措施。

对中职生来说，职业生涯发展的近期目标就是在自己要学什么专业课程、参加什么技能培训、加入什么社团组织、阅读什么课外书籍等方面做出选择，并筹划好措施，以便保质保量、持之以恒地完成，使自己尽可能在正式步入职场前具有较强的素质，为继续实现阶段目标、长远目标打下坚实的基础。

一根渔竿和一篓鱼

从前，有两个饥肠辘辘的人得到了一位长者的恩赐：一根渔竿和一篓鲜活硕大的鱼。一个人要了一篓鱼，另一个人要了一根渔竿，接着他们就分道扬镳了。

得到鱼的人原地用干柴烧火煮起了鱼，他狼吞虎咽，很快便连鱼带汤吃了个精光，几天后，他饿死在空空的鱼篓旁。

另一个人则提着渔竿寻找大海。经过长途跋涉，他来到了海边，从此开始了以捕鱼为生的日子。几年后，他有了自己的家庭和自己建造的渔船，过上了幸福的生活。

启示：一个人如果没有长远的目标，只顾眼前利益，得到的终将是短暂的欢愉。

二、职业生涯发展目标的选择

在确定职业生涯发展目标时，应先预测、衡量、比较，再做出选择。

（一）预测

预测即“筛一筛”，是指设想各种方案并进行可能性评价，估计其可能产生的结果（包括成功的结果和失败的风险），也就是先看看这个目标有没有可能实

现。不论长远目标、阶段目标，还是近期目标，在确立之前都要通过“筛一筛”，把不切实际、不可能达到的目标去掉。

（二）衡量

衡量即“量一量”，是指在预测结果的基础上，对设定的发展目标进行考量，确定最适合自己、最具可行性的目标方案。

衡量职业生涯发展目标需要从以下三个方面入手：① 了解发展目标对从业者的素质要求，衡量本人现实条件与之匹配的程度；② 了解发展目标对从业者可能有的回报，衡量本人价值取向得到满足的程度；③ 了解发展目标对外部环境的要求，衡量本人可能有的发展机遇与之相符的程度。

在衡量过程中，需要制定和使用科学的标准，且要注意主客观相符、个人与社会协调、现实与发展统一，要“立足现实、着眼发展”。只有正确地进行自我认识和评价，才可能合理地对发展目标做出选择。

（三）比较

比较即“比一比”，是指在衡量所得结果的基础上，对各种备选方案进行比较、排序，确定最优方案。其目的是反复斟酌、排序择优，从多个备选方案中挑选出最符合本人发展条件、最有激励作用的方案。

通过预测、衡量、比较三步的决策分析，可能做出的决定有两种：终结性决定和调整性决定。终结性决定是指选出了最佳方案；而调整性决定是指对原有的备选方案均感不满，决定重新探索发展目标，列出几个新的备选方案，再次进行决策分析。对于比较复杂的重大问题，往往需要反复分析、选择才能做出决策。

生活实例

小丛是某职业学校文秘专业的学生。在校期间，小丛积极参加学校举行的各项活动，演讲比赛、朗诵比赛中都有她的身影，她还成为学校广播电台的播音员。所有编辑、播音工作都要在课余时间进行，虽然很累，但她都坚持下来了，而且在学文化课、专业课时也变得劲头十足了。

快毕业时，她面临先就业还是先升学的选择。考虑到父母有稳定的收入，希望她能继续深造，而且进入中职后潜能得以发挥，学习有明显进步，对于升学取胜有把握。于是，她下决心选择了先升学、后就业，并为此制订了周密的计划。毕业后，她如愿考上了高职，而且经过竞选担任了学生会学习部部长、广播电台台长，被当地电台聘为“校园论坛”节目主持人。

高职毕业后，她被一家博物馆聘用，当上了解说员。由于工作认真、表现突出，她被安排专门接待来馆参观的中央领导人，连年被评为优秀工作者。

点评：既要从现实出发，又要看到自己进入中职后已经和可能发生的变化，只有这样才能做出正确选择。

三、职业生涯发展目标必须符合发展条件

不同的职业生涯发展目标与从业者智力、个性等方面的要求会因为发展方向不同而有所不同，并与个人所处的环境有着十分密切的关系。因此，职业生涯发展目标必须符合个人条件和社会条件。

（一）个人条件

讨论区

与同学分享“现在的我”与“将来的我”，对照“将来的我”说说“现在的我”有哪些优势和不足，并谈谈是哪些因素让自己发生了变化。

职业生涯发展目标的选择是从了解自己开始的，只有对自己的能力、兴趣、个性、价值观等有了比较清晰的认识，才能够切实设定自己的职业生涯发展方向和目标；只有了解自己的优势与不足，才能使自己理性地面对纷繁复杂的职场，在规划职业生涯时走出盲目从众、眼高手低、无所适从的误区，真正做到人职匹配。

因为每个人的自身条件不同，所以为职业理想而确定的职业生涯发展目标也是因人而异、多种多样的。在实现目标的过程中，我们常常会由最初设

定目标时的“扬长避短”逐渐变为实现目标过程中的“扬长补短”。在此过程中，“现在的我”被不断地调适、丰富、改进、修正、提升，逐渐向“将来的我”靠近。随着阶段目标的不断实现，一个“全新的我”也就顺理成章地被塑造成功了。

生活实例

小文是个非常阳光、自信的女孩，平时特别喜欢跟小孩子打交道，喜欢唱歌、跳舞、绘画，总希望自己的生活充满创意。她在幼师专业学习，认为幼儿教师是太阳底下最光辉的职业。

小文立志要成为一名优秀的幼儿教师，将来创办自己的亲子园。她朝着这个目标努力学习，成绩名列前茅，并两次在市幼师专业技能大赛上获得一等奖。

毕业后，她工作脚踏实地、精益求精，赢得了小朋友们的喜爱，小朋友们都亲切地叫她“小文姐姐”。有了多年的幼儿教育经验后，她开始向自己的梦想迈进。经多方筹集资金，借校舍、聘老师，她终于创办了“智慧亲子园”。在她的精心经营和管理下，亲子园蓬勃发展，她的梦想成真了。

点评：只有符合自身条件的职业生涯发展目标，才能通过自己的努力得以实现。

（二）社会条件

每个人都处在一定的社会环境之中，个人的生存、发展是个人适应社会、融入社会的过程。个人的职业生涯发展规划不是闭门造车，一定要符合社会条件；而规划的最终实现也要取决于特定的社会因素和社会条件。

职业生涯发展目标要适应社会条件，既包括适应国家经济社会发展的大环境，也包括适应个人发展的小环境。社会政治和经济形势、

文化与习俗等大环境决定着我们可以选择的职业岗位的数量与结构，还决定了我们对职业的认定和对职业生涯发展的规划与决策；而个人所在的学校、社区、社交圈子等小环境则决定着我们具体的职业活动范围和内容，还决定了我们的职业方向选择和职业生涯规划的起点。

个人的职业生涯发展目标不是一成不变的，要与时代的前进步伐相结合。只有紧扣时代脉搏，才能保证我们的职业生涯发展目标不落伍、不过时；只有对社会条件的变化有比较充分的了解，才能更有效地利用社会条件和各种新政策，使自己的职业发展在纷繁复杂的社会环境中趋利避害。

生活实例

小江从职业学校毕业后，在一家寻呼公司做话务员。当时寻呼业务在社会上需求很旺，做这一行的收入也还不错，而且符合小江的性格、能力，她做起来得心应手。

一年后，小江发现随着手机的逐渐普及，寻呼业务已显出萎缩的迹象。在冷静分析后，小江认为以自己现有的能力，还可以做更有挑战性的工作。于是，她在对所了解的几种职业进行判断和选择后，开始利用业余时间进修文秘专业的课程。

后来，当她所在的寻呼公司因为业绩下滑而大幅裁员时，小江因早有准备，顺利地进入一家外资公司，开始了自己喜欢且能够胜任的秘书职业生涯。

点评：小江根据自身性格、兴趣和社会需求及时调整自己的职业生涯发展目标，得以成功转型。

思考与练习

1. 小胡从职业学校毕业后，按照自己设计的目标顺利进入了一家外资企业。在工作的三年里，她却因部门的调整不断转换岗位，先后干过前台、仓库管理员、行政人事主管助理、客户服务主管助理等工作，在每个岗位上都没有积累足够的经验。虽然工资不低，同学们都很羡慕，但小胡却烦恼不已，正如她自己所说：“我感觉自己就像一块抹布，

哪里需要就抹哪里。一旦公司有了合适的人选，我就必定退出，因为他们的确比我专业、能干。”

请根据本节所学知识，帮助小胡走出困境。

2. 临近毕业，“升学还是就业”是许多中职生需要做出抉择的问题。请你借助小组互助，做出选择。

(1) 预测。通过小组讨论，列出毕业后升学还是就业的方案，再根据各自的情况进行筛选。

(2) 衡量。通过小组讨论，确定为决策升学还是就业应该制定哪些衡量标准。与本人所学专业、就业态势、学习基础、职业生涯发展目标、家庭经济条件有关吗？与升学与就业的投入、产出比有关吗？

(3) 比较。对各自的备选方案进行比较，做出选择并进行小组讨论。

第二节 构建发展阶梯

从洗碗工到酒吧老板

小陈是某职业学校酒店服务与管理专业的学生，他喜欢绘画和造型艺术，性格开朗外向。最近，他根据自己的特点制定了“当调酒师、开酒吧”的职业生涯规划。他选修调酒课，通过去图书馆和阅览室和上网等方式查阅调酒的资料，而且一有空就练练左右手立瓶、转瓶、倒花、切花等动作。

他知道花式调酒是从调酒师行业中发展出来的，讲究表演艺术与调酒技艺相结合，花式调酒师是近几年酒吧兴起的职业，需要到大城市磨炼才能学到时尚前沿的花式调酒。为了能进大城市的酒吧，小陈把初次就业的目标定为普通酒吧的洗碗工，再凭借在学校练就的餐厅服务本事，当上既能欣赏调酒师技艺，还能观察酒吧领班如何工作的服务员；干两年，升任领班，留意老板如何经营酒吧，同时参加调酒师培训班；拿到职业资格证以后，想办法跳槽到高档酒吧，争取参加调酒师竞赛拿个奖。

他的规划给自己当老板留了十年准备期。即毕业十年后，积累了经验，形成了人际关系网，存够了钱，再贷点款，开个有特色、能提供星级服务的小酒吧。当老板后争取成为具有国际水平的高级调酒师，在提高服务水平的同时，控制成本，滚动积累，把自己的酒吧做大。

一、阶段目标的特点和设计思路

任何人都不可能瞬间实现自己的人生目标，任何一个远大、宏伟的目标都不可能一蹴而就。职业生涯发展的长远目标是通过若干阶段目标的达成才得以实现的。如果能科学地设计和把握自己的阶段目标，那么，随着各阶段目标的实现，我们就会离成功越来越近。

（一）阶段目标的特点

有无阶段目标是职业生涯规划优劣的重要标志。阶段目标设计合理，是长远目标能否实现的必要前提。阶段目标具有以下特点：

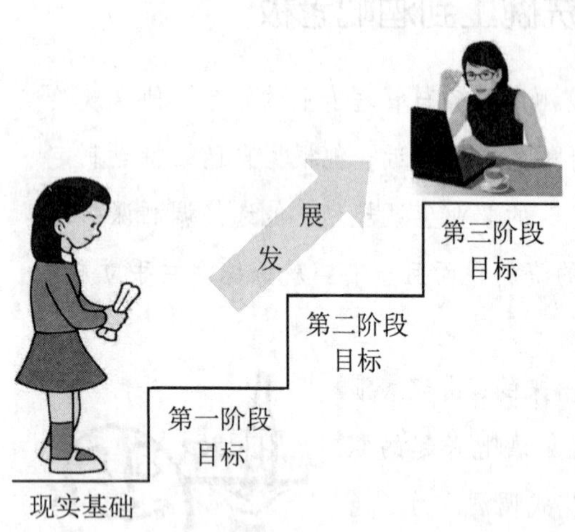

一是每个阶段目标都十分具体。这不仅指对某职位或岗位的目标定位，还包括实现目标需要具备的素质要求、弥补差距的措施、明确的时间界定等，能让我们确切地把握实现这一目标需要做出哪些具体的努力。

二是每个目标都有实现的可能性，让人感觉“够得着”“有希望”。这样既不会因目标遥不可及而丧失信心，也可以让目标真正成为引路明灯。

三是目标要有一定高度，有一定的挑战性。阶段目标不是轻而易举就能达到的，而是必须努力拼搏，“跳一跳”才能达到。这样既可以防止在原地踏步，避免出现懈怠，又能让人在目标实现后有成就感，起到激励作用。

四是阶段目标之间具有关联性。一方面，各阶段目标都与长远目标在努力

方向上密切相关、保持一致；另一方面，各阶段目标之间也彼此关联，前一个目标是后一个目标的奋斗基础，后一个目标是前一个目标的努力方向。

拓展阅读

举重运动员的阶梯式训练法

阶梯式训练法是保加利亚著名教练伊万·阿巴杰耶夫创造的。他认为人体有巨大的潜力，对外界环境有很强的适应能力，开始时对新的刺激不适应，经过一段时间的训练就会适应。这时如不进行新的刺激，技能就得不到新的发展，训练水平也不可能达到新的高度。

以抓举训练为例，暂定第一阶段抓举重量为100公斤，经过若干天的训练，当运动员适应这个重量并且能成功地连续两次举起100公斤时，就可以增加新的重量，开始第二阶段的训练。这样不断地增加重量，使训练水平一级级地提高。

伊万认为，从一个阶梯上升到新的阶梯时，要掌握好增加重量的尺度，要考虑每个运动员适应期的长短。如果在新的重量阶梯上，运动员不能承受，则应回到原来的阶梯上，巩固两三天后再作调整。

（二）阶段目标的设计思路

阶段目标的设计思路有很多种，最常用的是“倒计时”的方式，即根据达到长远目标所需要的“台阶”一步一步往回倒着设计。这种方式既可以“什么”即职位或职业资格标准为“台阶”，再确定上每个“台阶”的时间；也可以“何时”即以年龄段或时间段为“台阶”，再确定每个“台阶”应达到的目标。

“倒计时”方式的设计思路如下：

（1）理清长远目标对从业者的要求。例如，对职业资格、学历、专业知识和技能、工作经验、阅历、人际网络、资金以及职业道德等方面的要求。分析自己与这一长远目标之间的差距，对差距进行分类，并按与达到长远目标的关联程度排序。

（2）以差距为依据“搭台阶”。以分阶段弥补差距为目的，选择阶段目标的“台阶”，为各段目标起个简洁、明确、醒目、层次分明的题目。

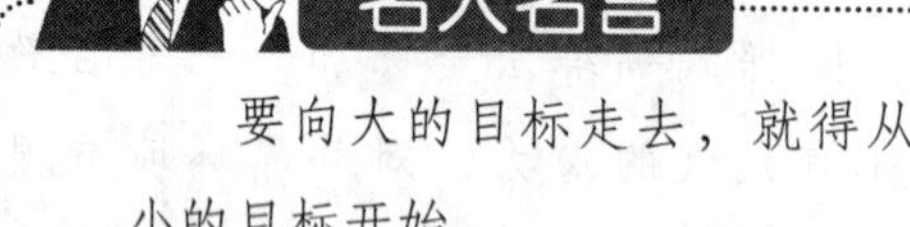

要向大的目标走去，就得从小的目标开始。

——列宁

（3）注明每个“台阶”对从业者的要求。在各阶段目标的题目下，写清达到目标的内涵和其他相关内容。

（4）理顺各“台阶”的衔接。对前后衔接的两个阶段目标进行比较，理顺“什么”与“何时”的关系。

（5）设定达到目标的标准。给每个阶段目标按自我满意度设定标准，如自我满意度高、较高、合格等阶段目标标准。要有应对变化的备选方案，以便根据当时的环境和机会灵活选择不同标准，让自己有更多的机会体验成功。

二、近期目标的重要性和制定要领

要想最终走向阶梯的顶端，需要从我们脚下的这级台阶开始迈出。只有从具体的近期目标出发，才能一步一个脚印地向前迈进。

（一）近期目标的重要性

在一系列阶段目标中，离我们最近的是近期目标，所有的阶段目标都要通过变为近期目标才能得以落实。近期目标既是我们为实现职业生涯目标而努力的起点，又是每个阶段目标的着陆点和启动点。

中职生正处于职业生涯发展的关键时期，这个时期既是确认发展方向的最佳时期，更是夯实职业生涯发展基础的有效时期。我们要从所学专业出发，去了解社会、了解职业、了解自己，确定发展方向、发展目标，特别是近期

目标。要正确处理近期目标与长远目标的关系，充分利用在校学习时间，有针对性地提升自身素质，有意识地培养兴趣、挖掘潜能，主动适应职业需要，努力学习有关知识和技能，自觉提升综合职业素质，为职业生涯发展奠定坚实的基础。

（二）近期目标的制定要领

中职生职业生涯规划的近期目标要体现中职生的特点，制定近期目标的要领具体包括以下三个方面。

1. 脚踏实地，不好高骛远

近期目标是迈向成功职业生涯的第一个台阶，应该是通过努力，一定能达到的目标。我们要让自己在攀登第一步时，能品尝到成功的喜悦，得到“成功者”的心理体验，树立起“成功者”的信念，增强为长远目标奋斗的自信。

近期目标的设计要立足于本人的当下实际，对于中职生来说，最好是一些容易就业的、要求不很高的初级岗位。好高骛远不仅会使整个职业生涯规划建立在空中楼阁之上，而且会让自己在迈开职业生涯第一步时就饮下失败的苦酒。

2. 内涵充实，能激励斗志

务实的近期目标并不是“低标准”的目标，而应具有持续性、发展性的特点，能够为一生的职业生涯发展奠定基础。同时，还要有激励斗志的效果，既要为树立自信创造条件，更要激励实现长远目标的斗志。

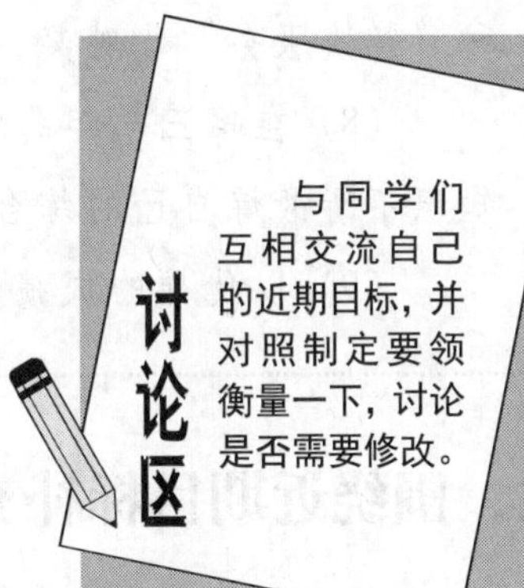

3. 指向明确，有年级特点

不同年级中职生的近期目标应有所区别。入学不久的低年级学生既可以把毕业时首次择业的岗位作为近期目标，也可以把升学作为近期目标，还可以把毕业时甚至二年级应取得的职业资格作为近期目标；高年级学生临近毕业，一般应把就业第一岗位或具体的升学院校作为近期目标。当然，这些目标不是对学校规定标准的简单重复，而是个性化、与自己长远目标相一致的目标。

生活实例

小薇是某职业学校酒店管理专业的学生，她在老师的帮助下，对自己的未来发展做了详细的规划，下面是她职业生涯规划中近期目标的部分。

（1）第一学年第一学期参加职业指导培训，在专业老师的指导下进行职业兴趣测评，了解自己，了解专业性质，明确职业方向，树立职业目标。

（2）第一学年第二学期参加全国计算机考试，获得计算机二级资格证书。

（3）第二学年第一学期参加酒店中级服务技能资格考试，并获得证书。

（4）第二学年第二学期参加全国英语等级考试，获得英语二级等级证书；参加校内的日语培训班，能够进行简单的日常用语交流。

（5）完成两年酒店管理专业知识的学习，各科平均分不低于 80 分，为继续获得大专学历打好文化基础。

（6）在校学习期间，全面发展，有意识地培养自己的管理能力，争取获得“三好学生”“优秀干部”等荣誉称号。

（7）参加学校每年举办的中西点服务技能大赛，争取获得“客房服务”和“餐饮服务”优胜奖；参加酒店服务知识大赛，丰富酒店服务知识。

（8）在第三学年的实习中遵守实习单位的规章制度，运用所学的专业知识不断锻炼自己的综合能力，顺利通过实习，争取被评为“优秀实习生”。

（9）以优异的成绩毕业，争取获得“优秀毕业生”荣誉称号。

三、围绕近期目标补充发展条件

近期目标离我们最近，它不仅“看得到”，而且“摸得着”，但它毕竟是目标，与现状存在差距，仍然需要我们努力去实现。面对近期目标，我们首先要做的就是找到自身发展条件与近期目标之间的差距，然后为缩短这个差距制定具体、可行的措施。

（一）寻找发展差距

在确立发展目标、构建发展台阶之后，我们应以自身条件再分析为主，辅之以外部环境分析，在找到与近期目标距离的前提下，将自身条件与近期目标的要求进行对比分析，详细列出对比得出的差距，作为制定改善措施的依据。

分析时，要更多地考虑“查漏补缺”，多用自己的劣势去估算与近期目标的差距。重点分析近期目标对职业能力、思想品质、日常行为习惯等方面的要求，分析自身兴趣、性格、行为习惯等个性特点与近期目标要求的匹配程度，从中找出差距，归纳出自己在知识、技能、行为习惯等方面存在的“短板”。接下来，尽可能把每一方面的差距加以量化，再对这些差距进行深入、细致的分析，从而找到造成差距的原因。

拓展阅读

短板理论

“短板理论”又称“木桶原理”，是由美国管理学家彼得提出的。其观点为：盛水的木桶是由许多块木板箍成的，盛水量也是由这些木板共同决定的。若其中一块木板很短，则此木桶的盛水量就被短板所限制，这块短板就成了这个木桶盛水量的“限制因素”。若要使此木桶的盛水量增加，只有换掉短板或将短板加长。

根据短板理论还有两个推论：其一，只有桶壁上的所有木板都足够高，木桶才能装满水；其二，只要这个桶壁上有一块高度不够的短板，水桶里的水就不可能是满的。

（二）制定改善措施

通过对个人发展条件的补充分析，我们可以清楚地看到自己的差距，接下来要做的就是找到适合自己的缩小差距的方法，列出弥补弱点和不足的行动计划，并制定出一个明确、详细、可实施的改进方案。

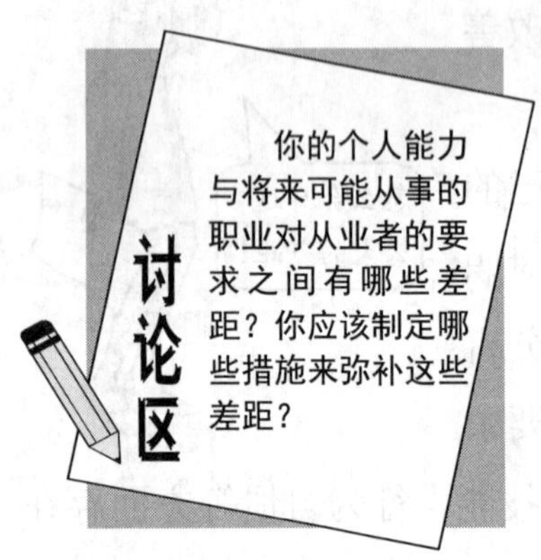

为了让改善措施更有指导性与可行性，需要把握如下原则：

（1）改善措施要有针对性。既要全面，又要有重点；既要全面提升自己，又要分清轻重缓急，对于职业生涯发展的短处或缺口要“必须补、及时补、重点补”，注意排出顺序，分步解决。

（2）改善措施要合理可行。实现不了的措施只能是形同虚设。因此，对于差距，要积极改进，不能急于求成；要难度适宜，不能不切实际；要量体裁衣，不能好高骛远。

（3）改善措施要具体、明确。因为是要马上落实、立即执行的措施，所以应该是可操作的、有指标的、易量化的具体措施。

（4）改善措施要有一定的弹性或缓冲性。在制定改善措施时，要考虑到环境和自身条件，可为自己制定备选方案，使实施过程能应对自身和环境的变化，及时做出灵活调整。

生活实例

小培学的是数控专业，他的长远目标是毕业15年后成为一名数控高级技师。为实现这一目标，他搭了两个台阶：毕业后当一名合格的数控操作工，8年后成为数控编程员。

确定阶段目标后，小培有意识地去了解本地大力发展设备制造业的规划内容，以及数控操作中级工的职业资格标准，把自己的情况与职业具体要求做了比较。通过调查分析，他发现企业急需数控加工人员，而自己也擅长动手操作，这坚定了他对自己的信心。同时，他仔细分析就业岗位对

从业者素质的具体要求后，发现自己活泼好动、做事马虎的个性与数控操作工内向、沉稳，工作必须精益求精的职业性格有差距。

为此，在制订发展计划时，他将毕业前必须拿到中级车工证、中级加工中心操作工证列为近期目标，根据专业教学计划理清各门专业课之间的关系，要求自己学好机械加工工艺，掌握数控机床的操作和手工编程，了解自动编程和数控机床的简单维护维修。此外，他还制订了在日常生活中锻炼自己耐得住寂寞、做事认真的计划。同学们看了他的规划，都佩服地说："你的规划不是说梦话，真实在！"

点评： 小培制定了合理的阶段目标和近期目标，且目标具体，还有相应的改善措施。

思考与练习

1．小董是某中医药职业学校的学生，热情、聪明、上进心强。受家庭影响，他从小就接触中草药，梦想长大后要开发家乡的特色中草药。在进入职业学校接触了更多的专业知识后，小董心中的职业目标更加清晰，对未来的规划也更加明确。

首先，小董要求自己在课堂内外勤奋学习，多向研究中草药的名师求教，尽可能地利用课余时间到学校附近的药用植物园参加中草药种植、施肥、日常管理等实习，争取在毕业前掌握 1 000 种中草药的功能、栽培技术和储藏方法等专业知识。

此外，小董还打算毕业后在亲朋好友的支持下创业，结合家乡的自然条件优势，科学种植鸡骨草，定点供应家乡的制药企业。等自己积累了比较丰富的种植经验后，就逐步扩大种植规模，建立其他品种的中药材试验基地，在稳定发展区域市场的基础上，推向全国各地甚至国际市场。

后来，小董真的成了远近闻名的中草药种植大户，每天忙碌在中草药种植园里。

请根据上述材料，分析小董是如何实现自己的职业理想的。

2．请结合自己的现状，分析自己的发展条件，并据此找出差距，制定合理、可行的改进措施，将结果填入表 3-1 中。

表 3-1　围绕近期目标补充发展条件

近期目标：________________

	近期目标的要求	优势	差距	改善措施
道德水准				
行为习惯				
职业兴趣				
职业性格				
职业能力				
文化水平				
专业知识				
其他				

第三节　制定发展措施

小峰的超级措施

小峰初中毕业后，选择了某职业学校的金融财会专业，他的目标是成为金融机构优秀的高级管理人才。在学校，他为自己制定了一系列发展措施：课前预习，课堂认真思考，当天作业一定要完成；苦练技能，坚持参加学校电脑兴趣小组，每天中午练习点钞半小时，晚上练习打算盘一小时，练习计算器复核报表半小时；一年级时竞选班长，二年级时竞选学生会主席；每天参与小广播站的管理，积累管理经验；每周打篮球三次，每次一小时，以增强体质……

工作后，小峰积极参加行业技能培训和比赛，以此激励自己更加努力地学习专业知识与技能；按照自己设定的目标报考财会专业大专班，参加成人高考专升本考试；每天早晚各抽出半小时阅读经济管理方面的报刊与名著，并结合工作情况每周写一篇 2 000 字左右的读书心得，提高管理素养。

由于措施得力，小峰成长很快。在接下来的职

业生涯中，他取得了一系列成绩：拥有本科文凭、注册会计师资格、三年支行副行长工作经验，成为某上市银行总行财务部经理，受到领导的称赞和众多银行的青睐。

一、制定发展措施的重要性

职业生涯发展目标确定后，尽快制定发展措施就成了关键环节。没有行之有效的措施，任何伟大的目标、远大的理想都是难以实现的。因此，要想实现自己的职业生涯发展目标，就必须制定针对性强的措施。

路是脚踏出来的，历史是人写出来的。人的每一步行动都在书写自己的历史。

——吉鸿昌

目标变成现实，需要为之付出实实在在的努力。如果没有行动，目标也只能停留在空想阶段。职业生涯规划发展措施应当切实、明确，有可行性，并在行动中落实，否则，规划只能是一纸空文。

"一口井"的人生规划

两个和尚分别住在相邻两座山上的庙里，两座山之间有一条小溪，这两个和尚每天都会在同一时间下山去溪边挑水。久而久之，他们便成为好朋友了。

就这样，时间在每天的挑水中不知不觉已经过了五年。突然有一天，左边这座山的和尚没有下山挑水，右边那座山的和尚心想："他大概睡过头了。"便不以为意。哪知第二天，左边这座山的和尚还是没有下山挑水。第三天也这样，过了一个星期，还是一样。

直到过了一个月，右边那座山的和尚终于受不了了。他心想："我的朋友可能生病了，我要过去拜访他，看看能帮上什么忙。"于是他便爬上了左边这座山，去探望他的老朋友。

等他到达左边这座山的庙，看到他的老朋友之后，大吃一惊。因为他的老朋友正在庙前打太极拳，一点也不像一个月没喝过水的人。他好奇地问：“你已经一个月没有下山挑水了，难道你可以不用喝水吗？”左边这座山的和尚说：“来来来，我带你去看看。”

于是，他带着右边那座山的和尚走到庙的后院，指着一口井说：“这五年来，我每天做完功课后，都会抽空挖这口井。即使有时很忙，也坚持能挖多少算多少。如今终于让我挖出水，我就不必再下山挑水，我可以有更多的时间练我喜欢的太极拳了。”

启示：目标不是空洞的口号，要用行动来证明。

二、措施制定三要素

职业生涯发展措施必须具备任务、标准和时间三个要素，能够清楚地回答“做什么”“做到什么程度”“什么时候做”三个基本问题，让措施执行者能够准时、按标准、以经济和高效的方法完成既定的任务。

（一）任务

任务是指我们为实现职业生涯发展目标所做的各项工作，主要阐述“做什么”的问题。例如，某职业学校文秘专业的小叶为丰富自己的人文知识，决定“今年暑假读完《论语》，并写出 3 000 字左右的读后感”，这就是一项任务。

把职业生涯科学地划分为不同的阶段，明确每个阶段的任务，进一步制定执行措施，对更好地从事自己的职业、实现人生目标非常重要。

拓展阅读

职业生涯发展“十要”

（1）要对现在从事的职业负责。

（2）要建立和谐的人际关系。

（3）要优化你的交际技能。

（4）要善于发现变化并适应变化。

（5）要灵活，未来时代的工作者们可能要经常转换职业角色。

（6）要善于学习新技术。

(7) 要舍得花钱、花时间学习各种指南性知识简介。

(8) 要摒弃各种错误观念。

(9) 事前要对就业单位多做摸底研究。

(10) 要不断开拓进取，不断开发新技能。

(二) 标准

标准是衡量事物的准则，引申为榜样、规范。标准必须是规范、严密的，而且应该是量化的。它强调的是“做到什么程度”的问题，也就是我们为实现职业生涯发展目标而要完成的每一项任务具体要做到什么程度。例如，前面提到的小叶阅读《论语》一书，就涉及“怎么读”的问题：要掌握哪些知识？是否要熟悉书中的人物关系？有哪些孔子的名言需要背诵熟记……这些方面都要有明确的要求。

标准是为实现目标服务的，也是追求学习效果和工作质量的一个重要环节。我们讲标准，就是要在明确目标的基础上吃透任务，在任务落实的细节上讲规范，在工作推进的成效上讲严格。对待每一项任务都要仔细认真、科学规范地达到设定的标准，这样才能有效地实现“一步一个台阶”。

名人名言

只有经过长时间完成其发展的艰苦工作，并长期埋头沉浸于其中的任务，方可望有所成就。

——黑格尔

(三) 时间

时间要素解决“什么时候做”的问题，包括两方面的含义：一是目标实现的期限，也就是什么时候达到这个目标；二是任务完成的时间，也就是落实完成目标的各项措施所需的时间。如果没有明确的时间规定，职业生涯发展措施就会成为空谈。

当前，相当一部分中职生对时间不够珍惜，存在浪费倾向，影响了职业生涯发展措施的按时落实，主要表现为经常打牌和玩游戏、连续看小说、长时间用 QQ 聊天、经常逛街等。所以，中职生应培养和树立时间管理意识，减少无益于目标实现的活动。

时间管理

时间管理是指在时间消耗相等的情况下，为提高时间利用率和有效性而进行的一系列活动，包括对时间进行有效的计划和分配，以保证重要工作的顺利完成，并能及时处理突发事件或紧急变化。

做好时间管理的途径主要有以下几方面：

（1）用清单的形式将要做的事情列出来，实行计划管理。

（2）记录时间使用详细单，以分析时间耗用在什么地方，减少浪费。

（3）采取时间 A，B，C 分类法。将事情按轻重缓急分为 A（紧急且重要）、B（次要）、C（一般）三类，安排好做事的优先顺序，以提高时间利用效率。

（4）考虑不确定性，为意外事件的处理留出时间。

三、实现近期目标的具体计划

职业生涯发展措施中最重要的就是针对近期目标制订具体计划，确保一个个近期目标的实现，最终实现长远目标。

（一）制订实现近期目标的计划

中职生实现近期目标的计划必须是易量化、有指标、可操作的具体措施。以三年制学生为例，可按以下思路制订实现近期目标的计划：

一年级学生要努力学好各门基础课程，多和已毕业的学长交流，了解现代企业对员工的要求；多参加学校集体活动，增强交流技巧；熟悉学校的相关规章制度。

二年级学生要在学好专业技能的同时，参加学生会或社团等组织，锻炼各

种能力；可以开始尝试兼职、参加社会实践活动，提高自己的责任感和抗挫折能力；考取英语和计算机等级证书；有选择性地选修感兴趣的课程，阅读课外书籍，充实自己。

三年级，决定参加高职升学考试的学生要积极复习相关科目，查漏补缺；决定就业的学生要积极参加相关专业实习和实训，加强技能训练，强化求职技巧，搜集用人单位信息，积极参加各项招聘活动。

生活实例

小蓉是某职业学校物流专业二年级的学生，她的目标是将来成为某公司的物流经理。为实现自己的长远目标，她制订了近期目标和周密的计划，如表 3-2 所示。

表 3-2　近期目标和计划措施

	知识方面	能力方面
近期目标	（1）保证文化基础课成绩达到 80 分以上，专业课成绩达到 90 分以上； （2）考取全国英语等级考试一级证书； （3）考取全国计算机等级考试一级证书； （4）准备参加全国助理物流师资格考试。	（1）提高领导和组织能力； （2）发展一门运动项目； （3）进一步锻炼自己的写作和口头表达能力，增强自信心； （4）积极参加班校集体活动，与同学多交流，并形成良好的交际圈； （5）多从事社会实践，多接触社会，积累经验。
计划措施	（1）每天早上 7 点前起床背单词，晚上练习听力半小时； （2）休息日到市图书馆英语角与外教交流； （3）课前预习，课堂认真听讲，当天完成作业，周末阅读相关书籍； （4）多去图书馆，广泛阅读书籍、报纸杂志，拓展知识面，弥补人文知识的不足； （5）参加学校计算机项目兴趣小组，强化实际操作能力； （6）报名参加周日的助理物流师考前培训班。	（1）竞选班干部、校学生会宣传部部长； （2）课堂积极发言，勇于发表意见，主动与老师沟通； （3）自我推荐，完整地策划一次班级大型活动； （4）主动与同学们交谈，交流思想； （5）到义工服务站实践，并把经历记录下来，为以后写调研报告做准备； （6）每周放学后打球两次，锻炼身体； （7）积极参加学校举办的有关比赛； （8）做推销员、物流公司实习生等社会兼职。

点评：小蓉制订的计划比较详细，且考虑到了各个方面，值得同学们参考。

（二）实现近期目标的途径

制订了细致的近期目标，还要想办法实现近期目标，才能一步一个脚印，更快、更好地获得职业生涯的成功。

1．瞄准目标，有效行动

有效行动是指行动要始终围绕目标进行，要做到这一点，就要制定强有力的措施，对自己的行动加以强化和约束，集中时间和精力向目标发起进攻。

2．脚踏实地，忍耐坚持

“滴水穿石”“铁杵磨成针”是我们耳熟能详的词语。但在现实生活中，总有不少人心态浮躁，医治这种不良心态的最好办法就是修炼自己的决心、恒心。特别是在别人都已停止前进时，你仍然进行着；别人都已失望放弃时，你仍然坚持着。只有具备这种忍耐与坚持的能力，才能实现目标。

3．灵活机动，迂回前进

职业生涯发展目标的实现一方面靠苦干、实干，另一方面也需要灵活机动。职业生涯规划不可能脱离现实，也要与时俱进，根据内外环境的变化及时进行修改、调整，有的目标甚至不得不放弃。古人说“识时务者为俊杰”，只有积极、主动顺势应变，才能立于不败之地。

4．管理时间，有效利用

时间是可以支配并需要管理的，时间管理是学业、事业成功的关键。只有合理地利用时间，才能使它发挥最大的效力。有效管理时间，不仅要节省时间，而且要能够认识到时间的重要性，从而充分利用时间。

生活实例

小黄从职业学校毕业后，总是找不到称心的工作，用人单位不是嫌他学历低就是嫌他没技能。自尊心很强的小黄接受了××职业介绍所职业指导员的意见，看准目标，下定决心学技术。他先参加了厨师初级培训，拿到证书后，边工作边实践，后来又参加了中级培训。就这样，他认定方向，

用了多年的功夫，如愿以偿地获得了高级厨师的证书。

学历不高但有了丰富实践经验的小黄，揣着技能鉴定中心认定的高级厨师证书，顺理成章地进入自己一直钟爱的某著名餐饮公司。他不骄不躁，虚心向老师傅学习，并把自己学到的烹饪理论用到实践中，而且大胆创新。为了一道菜，他常常加班到深夜，最后一个离开单位成了家常便饭。

功夫不负有心人，经过长时间的钻研，他将宫廷传菜加以创新，独创了多道特色菜肴。现在，他所在的餐厅食客盈门，很多人就是冲着他的特色菜而来的。

点评：成功没有偶然。要想拥有成功的职业生涯，就必须合理规划，并为之打拼、奋斗、付出。

思考与练习

1．小周性格有点内向，是家里的独子，家庭条件比较优越。他从某职业学校酒店管理专业毕业，希望自己10年后能够成为五星级酒店的部门经理，但却一直没有制订工作、学习计划和措施。他曾在某饭店做过调酒师，在某五星级大酒店做过服务员，但是没干多久，就以“累得半死，才挣那么一点钱”为由辞职了。

后来，父母托朋友为他找过三份相对比较轻松的工作，他不是觉得工作辛苦、报酬低，就是觉得升迁机会少，最终都放弃了，在家里专心致志做起了“啃老族”。

近两年，父母收入明显下降，小周终于意识到找工作的迫切性，但是在人才市场上跑了三个月，工作都没有着落，心中十分茫然。

请根据上述材料，谈谈小周为何会陷入现在的被动局面，并帮助他走出现在的困境。

2．以小组为单位，与同学交流各自制订的发展措施，并耐心听取别人的意见，合理修改自己的措施。需要注意的是，人与人之间有差别，所以对别人的发展措施，不能一味地盲从。

第四章 职业生涯管理

◈ **认知**：了解定期检查职业生涯规划的方法；理解调整职业生涯规划的必要性及调整的时机。

◈ **态度**：形成科学管理、适时调整职业生涯规划的观念，树立终身学习的理念，努力追求职业理想的实现。

◈ **运用**：认真践行发展措施，学会科学评价职业生涯发展。

第一节 管理规划，夯实终身发展的基础

化妆品点亮的人生路

小燕是某职业学校精细化工专业的学生，她的职业目标是成为化妆品行业的精英。她天生对精细化工有着浓厚的兴趣。在校期间，她一直努力学习化工专业的基础知识和技能，并拓展化妆品开发和营销的知识面，主动锻炼社会能力。她打算毕业后先进入一家小企业当技术员，然后转到有实力的化妆品公司工作。

为努力迈向自己的职业生涯发展目标，小燕无时无刻不在践行着自己的规划。课堂上，她全神贯注地听讲；实验室里，她认真做好每一个实验，并仔细观察每一个细节；实习期间，她爱岗敬业、勤于思考；实践活动课上，她眼勤手快、多思好问。

毕业后，小燕的第一份工作就是在一家化妆品厂的实验室做技术员。她运用在校时学过的知识和实验时观察到的现象，发现厂里花高薪请来的专家研制的配方中乳化

剂量存在不足的现象，就与这位专家反复推算数据，获得了正确的数据，令专家不得不感叹："真是后生可畏啊!"到了夏天，车间里气温升高，导制细菌滋生，严重影响产品质量，她想到了学生时代参观时所获得的知识，就向老板提出了使用杀菌剂的建议。由于表现出色，年终时她获得的奖金比本科生都多。

小燕一直有自学的好习惯。她在工作后常常搜集资料、反复实验，自创了上百种化妆品，吸引了许多大客户。后来，她参股了一家化妆品公司，并担任开发部经理一职，主管技术和市场。由于在学生时代就注重全面提高职业素质，因此，她在职业生涯的发展中如鱼得水，把公司业务做得红红火火。

一、认真执行职业生涯规划的各项措施

要想实现职业生涯规划，必须要对其进行管理，也就是在认识自己、分析环境状况的基础上，根据实际需要对规划进行调整和修正，争取实现自己的职业生涯目标。在职业生涯规划管理过程中，夯实发展基础，认真执行职业生涯规划的各项措施，是职业生涯规划成功的重要保证。

（一）按照目标规范自己的行为

职业生涯发展的历程好似攀登一座陡峭险峻的高山，虽然我们有着明确的目标和比较充分的准备，但是仍然会遇到各种情况。在艰难险阻面前，有人成功了，有人失败了，有人偏离了方向，也有人中途放弃了自己的目标。产生这些不同的结果的关键原因在于个人是否严格按照职业生涯目标来规范自己的行为。

职业生涯规划一旦制定，就要按照目标来规范自己的行为。要使自己的每一项措施、每一步行动都围绕着职业发展目标来进行，不能偏离职业生涯规划的既定目标和发展轨道。

生活实例

小武在一个贫困家庭长大，父母都是下岗工人，赚钱独立是他读初中时便怀揣的梦想。于是，刚进职业学校的他便与同学一起开始打工，但不久他就退出了，因为那时打工的方式不外乎发传单、做市场调查等，挣钱不多，又学不到东西，还需要经常请假耽误学习。

于是，他收回心思，暂时不考虑挣钱，而是猛攻自己的专业，告诉自己先运足底气再说。事实证明，他的选择是明智的。二年级时，他就熟练掌握了本专业的操作技能。三年级时，他被学校推荐到一家国有企业实习，顶岗操作一台大型磨床。那里劳动强度大，每月只有几百块钱的生活费，很多同学都没能坚持下来，他却咬牙挺过来了，并掌握了许多在学校里无法学到的技能。

毕业后，他南下广州，在人才市场里转悠了两天，终于找到了一家招聘磨工的企业，这家企业不大，但工资较高。招聘人员见小武是应届毕业生，不相信他能开好磨床，经他再三要求，才给了他一个机会。

当他被车间主管带到磨床前时，发现这磨床跟他实习时操作的磨床型号一样，就熟练地操作起来。车间主管当场拍板把他留了下来。

点评：在进行职业生涯规划时，要按照职业发展目标来规范自己的行为，以利于职业理想的早日实现。

（二）按照计划落实每一步的行动

人生发展总目标的实现是由许多个“一步”组成的，职业生涯规划的落实也是如此。对于中职生而言，确立了自己的发展目标后，就要立即按照计划采取行动，一步一步地落实，为实现自己的理想去努力，不要有任何的犹豫，更不能拖拉偷懒。只有付出行动，才会拥有成功的职业生涯，才能实现我们的职业理想。

二、定期检查职业规划执行实效

要使职业生涯规划行之有效，就需要对职业生涯规划的具体内容和计划的实施进行定期检查，及时发现变化、不断反省，从而修正职业生涯目标，改进职业生涯策略，以适应环境的变化。

（一）定期检查的内容

职业生涯发展是一个动态的过程，必须根据实施效果和客观环境的变化及时进行检查与修正。检查的内容主要有以下几方面。

1．检查职业理想是否有偏差

职业理想是事业成功的基本前提。没有正确的职业理想、积极向上的信念，事业的成功也就无从谈起。理想和信念反映着一个人的胸怀、情趣和价值观，影响着职业生涯的目标和方向。

2．检查自我认识是否有变化

职业成功的起始点来自清醒的自我认识，首先要了解自己是一个什么样的人，其次要了解自己的人生目标是什么，最后要了解自己选择什么样的职业最适合。

3．检查自己所处的环境是否有变化

环境是制约职业目标设定与职业理想实现的外部条件。个人所处地区的经济发展环境和就业形势往往影响着我们的职业选择和职业发展。所以，根据自己所处环境的变化趋势适当调整职业生涯发展方向，是职业生涯规划管理的一个重要内容。

4．检查职业目标定位是否合理

在职业生涯规划中，必须有明确的职业目标，以便使自己的学习、工作以及各种行动措施沿着正确的方向前进。一个人的职业目标一定要同自己的能力、特点及工作适应性相符，同时还要符合社会发展变化，过高或过低的目标都要及时修正。

5. 检查措施是否已落实

在确定了职业生涯目标后，行动变成了关键环节。没有行动，目标就难以实现，也就谈不上事业的成功。

（二）定期检查的方法

进行定期检查要掌握方法，否则便起不到督促的作用。中职生可按以下方法对职业生涯规划进行定期检查：

首先，要对计划的执行情况进行检查，确定哪些目标已按计划完成，哪些目标未完成。

其次，对未完成的目标进行分析，找出未完成的原因及发展障碍，制定相应的消除障碍的对策及方法。

最后，依据评估结果对下一年的计划进行修订与完善。如果有必要，也可考虑对职业目标和路线进行修正，但一定要谨慎。这时可以用“周检查、月检查、年检查”的方法，一步步检查，一步步落实。

生活实例

小雨是某职业学校商务日语专业的毕业生，现在在一家日资公司做翻译，与此同时她考取了某高职院校，利用业余时间学习专科课程。表 4-1 是她从职业学校毕业时设计的职业生涯计划与措施检查表，她一直定期进行检查与修正。

表 4-1　职业生涯计划与措施检查表

	具体计划	具体措施	起止时间	考核指标	目标完成情况
短期目标	进入日资企业工作	不计薪水高低，抓住工作机会	2009.07—2010.12	顺利找到工作	√
	学习日语二级	工作中提升日语水平；业余时间进修		考取日语二级证书	√
	学习办公自动化	业余时间进修		考取办公自动化证书	√

续表

	具体计划	具体措施	起止时间	考核指标	目标完成情况
中期目标	做日语翻译或办公室文员	日语读写达到一定水平；熟练掌握办公自动化操作	2011.01—2013.12	顺利找到工作	做日语翻译
	报考高职院校并入学	参加成人高考	2011.07—2013.07	考上某高职院校	√
	学习日语一级	业余时间进修	2011.01—2013.12	考取日语一级证书	进行中
长期目标	职位获得提升	努力工作，得到领导的肯定	2014.01—2017.12	成为部门经理	
	学习“企业管理”课程	业余时间进修	2015.01—2017.12	通过考试	
	学习“领导的艺术”课程	业余时间进修	2015.01—2016.12	通过考试	
	学习“管理与沟通”课程	业余时间进修	2016.01—2017.12	通过考试	

（三）定期检查的注意事项

在进行定期检查时，要注意以下事项：

（1）牢记自己的职业生涯规划的计划、措施、时间进度、检查指标等，存入电脑，或贴在墙上、写在日历上。

（2）向家人、同学、朋友公示自己的具体计划、具体措施、时间进度和检查指标，接受他们的监督。

（3）根据实际情况经常分析自己的计划、措施、时间进度、检查指标，必要时做出调整。

（4）要有时间观念，如果没有较强的时间观念，规划的目标就容易落空，职业生涯规划也就不能有效地执行。

生活实例

小杨是某职业学校旅游专业的学生，自从进入学校，她就制定了从“地方导游”做起，两年后做“省内导游”，再过三年成为“国家导游”的职业生涯规划。在老师的建议下，她把考取“地方导游”证书的时间定在一年级暑假。在一年级计划中，她要求自己改掉上课不认真听讲、看课外书的习惯，并且自学与本地人文景点联系密切的历史，还要练好普通话。为此，小杨约定与同桌小李互相督促。

小杨每次对照计划检查自学历史的进度时，都觉得任务紧、时间急，因此不断告诫自己要抓紧时间学习。可上课不认真听讲的毛病不是一天两天可以改掉的，幸亏有同桌经常提醒，慢慢地，她听课比以前认真多了。

但坚持说普通话并不是一件容易的事，特别是回家说普通话，父母和邻居们都说她“打官腔”，她自己也感觉很为难。最后，她索性把自己想提前考取导游证的计划告诉了家人、亲友、街坊，请他们来提醒自己说普通话。从此，大家都成了帮她练好普通话的监督员，她的“乡音”慢慢地变淡了。一年级结束时，她顺利地拿到了导游证，实现了她一年级的计划。

点评：学会管理自己、控制自己，是职业生涯规划能够顺利实现的重要保证。

三、珍惜在校生活，奠定终身学习基础

学生时期是为一生奠定基础的黄金时期。在校期间的学习生活不仅为即将开始的职业生涯做好准备，而且也为终身学习奠定了基础。

（一）珍惜在校学习机会

职业学校为我们做好职业准备提供了良好的机会和环境，使我们能集中精力学习理论知识和专业技能。珍惜在校的学习机会，就是珍惜自己的未来。因此，我们应该做到以下几方面。

1. 努力学好文化知识和专业技能

在校生活是学习基础理论知识，学会思考和解决问题的方式，学好专业知识、提高专业技能的好机会。在校所学的知识与技能都是在为以后就业打基础，只有认真学好文化知识，掌握一定的专业技能，才能顺利就业，实现自己的人

生价值。

2．全面提高职业素质和综合职业能力

“德智体美等全面发展，具有综合职业能力”是国家对中职生的期望和要求。我们可以通过学校组织的各种社团活动、演讲比赛、竞技体育等活动提高自己的职业素质和综合职业能力，为即将开始的职业生涯做好准备。

3．积极参加各种职业技能竞赛

参加职业技能竞赛可以更好地展示自我。中职生应主动多学新技术、新方法，在竞赛中展示自己熟练的专业技能和积极向上的精神风貌。同时，要勤学苦练，努力取得职业技能证书。

4．积极参加社会实践和各种与专业相关的职业活动

社会实践活动有社会调查、生产实习、军事训练、公益劳动、社区服务、科技文化活动、志愿者活动、勤工俭学等多种形式。中职生要抓住参与社会实践活动和与专业相关的职业活动的机会，在锻炼提高自身素质的同时，进一步了解社会、了解职业、了解自己，为职业生涯发展奠定基础。

（二）树立终身学习理念

俗话说“活到老，学到老”，中职生要打破“一次性教育可以解决终身问题”的旧观念，树立终身学习的理念，适应社会的发展和行业需求的不断变化，使职业生涯的可持续发展、个性化发展、全面发展成为可能。面对技术创新和职业更替的需要，我们除了要加强基础理论课、专业技能的学习外，还要广泛涉猎最新的科学知识和社会知识，将终身学习贯穿于职业生涯的全过程。

学然后知不足，教然后知困。知不足，然后能自反也；知困，然后能自强也。

——孔子

满了吗

从前，有个小和尚离开家乡到处寻找名师，想学到一些真本事。后来，他终于找到了一位高僧，恳求高僧收他为弟子。高僧见他一片诚心，又天资聪颖，便收下了他。

两年后，小和尚自以为学到了很多东西，得到了师父的真传，便不想再继续跟着师父参禅拜佛，于是向师父辞行，要下山去。高僧明白小和尚的心思，他并没有阻拦小和尚下山，而是让小和尚拿来一个钵子，然后让他往里面装一些石头，装满为止。

高僧问小和尚："钵子装满了吗？"小和尚答："满了，再也装不下什么东西了。"高僧便抓了一把芝麻撒进去，然后晃了晃钵子，芝麻一会儿就不见了，接着高僧又抓起一把芝麻撒进去，晃了晃钵子，芝麻又不见了。

"钵子装满了吗？"高僧再次问小和尚。小和尚惭愧地告诉师父："看上去满了，可是还能装下很多东西。"这时，高僧又取来一只杯子，让小和尚往里面倒水。小和尚看杯子满了，就想停止倒水。高僧却说："不要停，继续倒。"

结果钵子倒满了水后，多余的水都溢了出来。高僧这时候才让小和尚停止倒水，然后问他："满了还装得下别的东西吗?"小和尚当下顿悟，从此安心待在师父身边，一心一意学习佛法，最后也成了一名修行很高的大师。

启示：学无止境，活到老，学到老。

思考与练习

1. 小泉是某职业学校电子电器维修专业的学生。进入职业学校后，他总认为在校时间很多，而且毕业时学校又负责推荐工作，不必把自己弄得过于紧张。于是，他今天与老乡聚会，明天约哥们儿相聚聊天，还学会了抽烟、喝酒，迷恋上了网吧。他讨厌学习，消极对抗，甚至以种种借口逃避上课。结果毕业时，他一无所获，招聘单位看完他的简历后总是摇头，看着同学们一个个找到满意的工作，他的心情沮丧到了极点，后悔当初没有好好珍惜在校的学习机会。

请根据上述材料，分析中职生应该如何珍惜在校学习机会。

2. 参照表4-1设计一个职业生涯计划与措施检查表，并根据自己的实施情况和现实的变化情况进行检查与修正。

第二节　调整规划，适应发展条件变化

调整心态，冷静就业

小婷是某职业学校财会专业的学生，毕业后的第一份工作是父亲通过朋友关系帮她介绍的，在一家小型私营企业担任出纳。小婷缺少在市场上择业的经历，不太了解就业形势，坚持认为外企的工资高，工作环境好，只有在外企才能学到东西，执意要去外企工作。工作一年后，她不顾父母的规劝，辞去现有的工作，重新回到人才市场上。

再次求职并不顺利，小婷用了三个月的时间进行求职面试，却未找到自己理想的工作。

这时，小婷调整了自己的就业思路，在招聘会上相中一家民营企业。这家企业规模较大、管理规范，小婷与该企业招聘的财务部办公人员的岗位要求非常合适，月薪 3 500 元。经过面试，小婷被录用了。

上班后，小婷工作很出色，企业决定在试用期满后给她加薪。小婷对这份工作也很满意，还利用业余时间攻读财会专科，并准备参加会计师资格考试。

一、调整职业生涯规划的必要性

职业生涯规划制定之后，并不意味着一劳永逸。外部条件和自身素质发生变化时，职业生涯规划也需要根据这种变化不断予以调整、修正和完善，使其行之有效，真正做到与时俱进。

（一）应对外部条件变化的需要

职业及其所在行业会发生很多变化。新工艺的推广、新技术的应用、设备的更新、任务和职责的变化都会使就业岗位对从业者的要求发生变化。从业者对这种变化需要一个适应过程，在该过程中，有些从业者会发现自己通过努力也很难适应变化，或是变化的职业及其所在行业不符合自己的追求和理想，在这种情况下，就需要转变职业发展方向。

名人名言

时代是继续不断地前进的，我们必得参加现代生活里面，与时代俱进，才能做一个长久的现代人。

——陶行知

同时，外部环境也在发生变化。这里所说的环境主要是指从业者所处的组织环境、政治环境、社会环境、经济环境。外部环境发生变化，从业者也需要调整职业生涯规划。

拓展阅读

牛仔裤的故事

李维·施特劳斯被公认为是牛仔裤的发明者，可是，你知道他是怎样发明牛仔裤的吗？

18 世纪 40 年代后期，在美国加利福尼亚州发现了金矿，形成了“淘金热”。刚 20 岁出头的李维也挡不住黄金的诱惑，放弃了久已厌倦的文职工作，来到旧金山，加入到浩浩荡荡的淘金人流中。

不久，李维就认识到一个现实：淘金者太多，而淘到金子的却只有极少数人。怎么办？是继续淘金，还是放弃回家？细心的李维发现，淘金者还在源源不断地涌来，但在荒凉的西部，给人们提供日用品的商店却奇缺。李维当机立断，调整了职业方向。他在当地开了一家销售日用百货的小店，结果生意十分兴旺。

在经营小店的过程中，李维又发现其他货品都卖得很好，只有搭帐篷、做马车篷用的帆布无人问津。一天，他问一个来买东西的淘金者：“你需要帆布吗？”那人却回答：“我们需要的不是帐篷，而是淘金时穿的耐磨、耐穿的帆布裤子。”李维深受启发，当即请裁缝给那位淘金者做了一条帆布裤子。这就是世界上第一条工装裤。由于帆布裤比棉布裤更耐磨，大受淘金者的欢迎。“李维的裤子”不胫而走。很快，李维又调整了职业方向，变卖了小百货店，开办了专门生产帆布工装裤的公司。如今，这种工装裤已经成为一种世界性服装——Levi’s 牛仔裤。

（二）适应自身素质变化的需要

我们在校期间进行的职业生涯规划，是在有了职业理想的萌动与对职业的认知，进而在职业目标初步确立的基础上完成的。随着年龄的增长、知识的丰富、能力的增强，我们对自身、对社会、对职业有了比较深刻的认识和了解，价值观和职业观也会发生变化。这些变化不但会影响阶段目标甚至长远目标的修正，还会在一定程度上影响发展措施的调整。

二、调整职业生涯规划的时机

在职业生涯发展过程中，总会出现这样或那样的机会和问题，因此应适当对职业生涯规划做出调整。调整的关键在于判别和把握好时机。

（一）判别调整的时机

对于走入社会与职场的中职毕业生而言，调整职业生涯规划有两个最佳时机，一是毕业前夕，二是工作后三至五年。

1．毕业前夕

这一时期，中职生有了求职的实践，根据求职过程对自身条件的检验，以及新的职业信息和供需实际，应当进行职业生涯规划的调整。

此时，我们可能会感到在校期间制定的职业生涯规划与实际有一定差距，甚至相距较远。之所以会产生这种感觉，主要有三个原因：第一，在制定职业生涯规划时，对实际情况不够了解；第二，随着时间的推移，环境和本人都发生了较大的变化；第三，自己还没有完成从“学校人”到“职业人”的角色转换。如果属于前两个原因，需要调整职业生涯规划；如果属于第三个原因，首先应从自身着手，加快适应社会的步伐，尽快完成角色转换，然后再考虑是否调整规划。

2．工作后三至五年

这一时期，我们有了从业的实践，根据从业过程对自身条件的检验，以及周围环境和自身素质的变化，在职业转换过程中应当调整职业生涯规划。

此时进行职业生涯规划，主要有以下三个原因：第一，初入社会，很难一下子就找到适合自己的职业，也就是难以做到人职匹配；第二，在校时的职业生涯规划是站在学生角度设计的，对职业发展目标是否适合自己缺乏实践检验；第三，我们已有一段从业经历，对社会、对人生有了切身体验和更深的认识，对职业生涯发展有了新的追求。

（二）把握调整的时机

善于识别与把握时机是极为重要的。在一切大事业上，人在开始做事前要像千眼神那样察视时机，而在进行时要像千手神那样抓住时机。

——培根

对中职生来说，调整职业生涯规划的最佳时期就是职业生涯的前五年，及时认识这段时间可能出现的问题，把握住解决问题的时机，提前做好规划，才能让自己掌握主动权。

中职生在职业生涯前五年的主要任务是：在职业实践中，如果发现规划与实际相差甚远，就应该重新审视自己，重新分析发展环境，在通过实践实事求是地认识自己的基础上修正发展目标，甚至调整发展方向；如果顺利适应职业，完成角色转换，在本行业内站稳脚跟甚至开始晋升，就应坚持原定的发展方向，进一步完善原有的发展措施。

具体来说，中职生职业生涯前五年的发展如表 4-2 所示。

表 4-2　中职生职业生涯前五年的发展

工作时间	发展目标	主要疑问	主要任务
第一年	初入职场，适应社会	我是谁？我想干什么？	完成从“学校人”向“职业人”的转换。需要克服个人期望与企业实际情况的落差所带来的不安全感，以适应企业环境，掌握工作的规则和程序；在听从领导、同事指导与管理的同时，获得认可
第三年	明确定位或转换职业	我能干什么？能干好什么？	成为独立的职业人，在企业内部找到成为某一方面专才的定位。在这一阶段，如果发现当前的职业不适合自己或没兴趣，应尽快改变方向，重新设定目标
第五年	职务晋升或调整方向	我将成为什么人？	向管理人员方向发展。如果发现自己不适合担任管理角色，应该考虑向专业技术人员方向发展

等待伯乐

有一匹年轻的千里马，在等待着伯乐来发现它。

商人来了，说："你愿意跟我走吗？"

马摇摇头说："我是千里马，怎么可能为一个商人驮运货物呢？"

士兵来了，说："你愿意跟我走吗？"

马摇摇头说："我是千里马，怎么可能为一个普通士兵效力呢？"

日复一日，年复一年，这匹马仍然没有找到理想的主人。

一天，钦差大臣奉命来民间寻找千里马。千里马找到钦差大臣，说："我就是你要找的千里马啊！"

钦差大臣问："你熟悉我们国家的路线吗？"马摇了摇头。

钦差大臣又问："那你上过战场，有作战经验吗？"马摇了摇头。

钦差大臣说："那我要你有什么用呢？"

马说："我能日行千里，夜走八百。"

钦差大臣让它跑一段路看看，马用力向前跑去。但只跑几步，它就气喘吁吁了。

"你老了，不行！"钦差大臣说完，转身离去。

启示：等待伯乐，无非是等待一个机会，证明自己是千里马。与其等待机会，在等待中沉沦，不如创造机会，在创造中升华。

三、调整职业生涯规划的方法

调整职业生涯规划要讲究方法，切忌盲目。要在重新评估自身条件和职业生涯机会的基础上修正职业生涯规划，然后脚踏实地地落实修正后的职业生涯规划。

（一）重新评估自身条件

重新评估自身条件是通过"我能干什么"的自我审视，掌握个人条件的变化及其在职业实践中检验的结果，加深对自己的认识，同时检验自己的职业素质是否符合当前所从事的职业。

对于中职在校生来说，在进行初次职业生涯规划时，应强调先分析发展条件、后确定发展目标，以避免因涉世未深而眼高手低。但对于已有求职实践或从业实践的中职毕业生来说，进行职业生涯规划的调整时往往应该先确定发展目标，再重新评估当前的自身条件，这样才能检验初定目标是否符合实际。

金丝猴与骆驼

有一天，森林里百兽聚会，大家都拿出了自己的看家本领，尽情地欢乐。一只金丝猴为大家表演了它的舞蹈，获得了全场的一致赞许，掌声如雷鸣般持续不断。在一旁观看的骆驼见金丝猴的舞蹈这么叫座，也想为自己赢得一些掌声，它也要求为大家助兴，舞上一回。可结果它笨拙的动作毫无美感，得到的只是大家的一片嘘声。在羞愧难当之中，那头想出风头的骆驼伤心地哭了。

启示：骆驼之所以遭遇此结果，原因就是没有认识到自己的长处，而是以自己的短处与金丝猴的长处比较。中职生在调整职业生涯规划时，要对自身条件有清晰的认识，发挥自身优势。

（二）重新评估职业生涯机会

重新评估职业生涯机会是通过“什么可以干”的自我审视，对求职环境或从业环境进行再分析，对自己职业生涯的机会和障碍进行评估。

在调整职业生涯规划阶段，重新评估职业生涯机会虽然也是着眼于外部环境，但这种评估与重新评估自身条件一样，是在对原有目标不满意、对新目标已经有初步想法的基础上进行的。因此，重新评估职业生涯机会时，不但要对原规划的职业生涯发展机会进行再评估，还要围绕新目标实现的可能性和外部环境进行分析，以便对职业生涯未来发展的机遇和障碍做到心中有数。

（三）修正职业生涯规划

修正职业生涯规划是通过“应该怎么干”的自我审视，修正职业生涯发展目标，对职业生涯规划进行调整。

中职毕业生应该明确发展目标的价值取向，定期根据自己的职业实践进行

理性的评估，找出差距和不足，根据内外环境的变化及时调整、修正自己的职业生涯规划，针对自己的薄弱环节进行弥补和提高。这样才能使职业生涯规划行之有效，引导职业生涯正确发展。

（四）落实修正后的职业生涯规划

职业生涯规划的贯彻、落实和其设计、制定同样重要。回顾自己对原规划中发展措施的落实情况，反思原规划中发展措施的针对性、有效性，既有利于新措施的制定，也有利于新措施的落实与执行。这种回顾与反思不仅是调整职业生涯规划的需要，也是自我管理能力提高的需要。

没有行动的理想、目标和计划只能是空中楼阁。要想获得职业生涯的成功，必须把目标和措施落实在每一天的具体行动中，注重培养积极有效的行动能力，绝不能做“语言的巨人，行动的矮子”。

生活实例

小琳从一所职业学校酒店管理专业毕业后，在当地的一家四星级酒店公关部工作。性格内向、不善言辞的她自知，与其他口齿伶俐的同事相比自己是很不起眼。于是，专职负责对外联络的她专心把工作做到近乎完美。四年后，部门经理跳槽了，老板认定踏实肯干的小琳是最佳接替人选，她意外地当上了公关部经理。

任职不到一年，小琳几乎被工作压垮了。公关部经理工作杂、要求高、应酬多，性格内向的她感到压力很大，觉得很多时间、精力都花在了毫无意义的事情上。向老板汇报工作时，她经常被问得哑口无言。从老板的脸色中，她读到了越来越多的不满，而她对这份工作也产生了前所未有的厌烦。苦恼的小琳找到职业指导师，希望能得到指导与帮助。

职业指导师通过对小琳自身条件和职业生涯机会的评估，做了这样的分析与建议：目前的职位虽然不是小琳所喜欢和擅长的，但她仍然喜欢在这家酒店工作，她的敬业精神、工作态度也是得到老板认可的。她应该找个机会向老板言明自己的处境和期望，坦陈这一岗位不适合自己的理由，让老板帮助自己找一个符合自己特点的位置。

小琳听从了职业指导师的建议，通过与老板沟通，调整了职位。现在，她在酒店担任质检部经理，而且还利用业余时间进修了沟通与管理方面的课程。老板对她的工作很满意，她自己也干得游刃有余，越来越自信。

点评：小琳根据自身特点找到了适合自己的位置，才在工作岗位上如鱼得水。

思考与练习

1．小陶是某职业学校数控专业的学生，毕业后，他先在一家合资企业从事了一年的模具设计与制造工作，后跳槽到一家私营企业从事产品设计工作。当初跳槽的动机是这家私营企业提供的待遇比原来的公司丰厚许多。经过半年时间，小陶发现自己无法从这份工作中学到新知识与新技术，公司对员工也没有完善的培训计划，于是毅然辞职。

辞职后，小陶听从朋友的劝告，认为自己不善言谈的性格在社会上会吃亏，要设法改变自己的个性。听说销售能锻炼人的性格，他就选择了销售工作。依靠自己的技术背景，他很快找到了一个与自己专业相关的销售岗位。现在，他在这个岗位上已经工作快三个月了，还是觉得自己不适合这个岗位。他每天都生活在紧张、不安中，无法从工作中获得乐趣。三个月后，他就必须独立完成公司制定的销售额，为此他越来越害怕面对客户，在回答问题时经常语无伦次、不知所云。他甚至怀疑自己是不是有心理问题。

请根据以上材料，分析小陶应该何去何从。

2．搜集本地区、本学校职业生涯成功者的案例，总结一下他们面对变化是如何进行职业生涯规划的调整与修正的。并针对你目前的自身条件和外部环境，想想应该如何调整职业生涯规划。

第三节 科学评价职业生涯发展

小静的选择

小静考取了一所中等师范学校，毕业后，她就回到家乡当了一名小学教师。由于家乡地处偏僻，工作和生活环境非常艰苦。学校师资缺乏，小静承担着语文、数学和英语三门课程的教学任务，工作繁重，还要不时地接济贫困学生，一直过着辛苦而清贫的生活。

几年后，她的同学有的经商，有的当公务员，生活日益富足，而她依旧清贫。对当初的选择她并不后悔。她认为，自己能够帮助家乡的孩子回到课堂，走出大山，去寻找更加广阔的天地，改变他们的命运，是最有意义的。她的付出有目共睹，她也因此而多次获得当地政府的褒奖，深受学生及家长的爱戴。

一、评价职业生涯成功的不同价值取向

职业价值取向也称职业价值观，是个人希望从事某项职业的态度倾向，换言之，也就是人们在职业选择和职业生活中，在众多的价值取向中，优先考虑的职业价值。

（一）不同的人对职业生涯成功的理解不同

“成功”是指做完了某种事（“成”）和有了好的结果（“功”）。职业生涯成功具有很强的相对性，有人以获得社会地位和社会声望为成功，有人以工作安稳轻松、薪酬不低为成功，有人以努力工作、取得成绩为成功。总之，每个人的观点不尽一致，看法有所不同。

名人名言

成功的意义应该是发挥了自己的所长，尽了自己的努力之后，所感到的一种无愧于心的收获之感，而不是为了虚荣心或金钱。

——罗兰

个人要想获得职业生涯的成功，既要追求外在的薪酬、职位或影响力，更要重视内在的心理特质，追求生命意义的体验和精神上的满足，找到个人的职业价值取向与自己所适合职业的结合点，这样才能算是真正意义上的成功。

（二）你追求哪类职业生涯成功

对职业生涯成功的不同追求，是人们选择和发展职业时所围绕的中心。科学家把一个人在做出职业选择时放在首位的，即“最想得到”的追求分为八种类型。

- **技术/职能型**：追求技术与职业能力，认为掌握了技术、提高了能力就是成功。
- **管理型**：追求权势和地位，认为有了权势和地位就是成功。
- **自主/独立型**：追求独立自主，喜欢享受自由自在和随心所欲，认为只要达到了这个境界就是职业生涯的成功。
- **安全/稳定型**：追求安全和稳定，凡是对工资与人身有危险和风险的职业，一律不涉及。
- **创业型**：追求创业，认为有自己的企业或公司才是成功。
- **服务型**：把助人为乐、为别人提供方便和帮助作为自己最大的快乐与成功。
- **挑战型**：追求挑战，认为战胜了别人、战胜了对手、战胜了别人不能战胜的困难就是成功。
- **生活型**：看重家庭生活，认为工作仅仅是生活的需要和点缀。

讨论区

小 A 说：“在职业生涯初期，对自己锻炼最大的工作是最好的工作；在职业生涯中期，挣钱最多的工作是最好的工作；在职业生涯后期，能最大地实现人生价值的工作是最好的工作。”

小 B 说：“无论在职业生涯的初期、中期、后期，都是挣钱最多的工作是最好的工作。”

你更倾向于哪种说法？为什么？

拓展阅读

常见的职业价值取向与对应的职业

每个人的职业需求不同，职业目标各异，职业价值取向也不一样。表 4-3 所示为常见的职业价值取向与对应的职业。

表 4-3　常见的职业价值取向与对应的职业

职业价值取向	对应的职业
拥有较高的社会地位，获得声望	政治家等
为他人提供帮助，体现自身价值	社会工作者、服务行业等
挑战自我，喜欢冒险	科学家、探险家等
有学问，受人尊敬	教师、医生、法官等
讲求实际，面对现实，追求效益	企业家、技术人员等
拥有稳定的生活和固定的收入	公务员等
追求自由空间，掌控自己的命运	个体经营者、画家、自由撰稿人等

二、评价职业生涯发展的要素

职业生涯发展是个人不断进取、不断完善的创造性过程，但一个人的职业生涯发展并不完全取决于个人的主观愿望。决定一个人职业生涯发展的要素是多方面的，我们应当考虑以下几点：

第一，职业生涯发展是否符合社会发展趋势，满足社会需求。从职业的存在到岗位的确定，都是以符合社会发展、满足社会需求为前提的。作为即将步入社会的中职生，我们应该善于把握社会发展脉搏，了解所学专业在社会上的需求形势、社会发展对自身发展的影响等。这些认识有助于我们把握职业生涯发展的方向。

第二，职业价值取向是否正确，也就是我们常说的“干什么最值得”。俗话说“人各有志”，这个“志”表现在职业选择上就是职业价值取向。正确的职业价值取向首先应建立在为社会尽职尽责、实现真正的人生价值上。

第三，个人专业技能是否与职业相结合。专业技能是职业选择、职业发展的基石，有丰富的专业知识、扎实的技能功底，个人的职业发展空间将会很大，职业之路也会越走越远、越走越宽。

第四，是否挖掘了个人的职业优势。要想保证职业生涯的持续发展，就应当最大限度地挖掘并充分利用各种职业优势，综合各种职业资源。每个人所拥有的职业优势是不同的，如家庭背景、区域文化、网络媒体、社会关系等。我们要学会找到自己的职业优势，以促进职业生涯的成功。

生活实例

小娟是某职业学校艺术设计专业的学生，她在校时给自己制定的发展目标是从平面设计员开始，往一流的电脑美术设计师的方向努力。由于性格外向，小娟还特别注重性格的调适，以适应平面设计师的职业需要。父母对她的规划很满意，认为这是一份适合女孩子的工作。

毕业时，小娟如愿去了一家报社广告部做起平面设计的工作。小娟为自己顺利迈上规划中的第一个台阶而高兴，在自己的岗位上认真工作。可是刚干了一年多，报社由于急需拓宽广告市场，让小娟改做广告业务。

小娟反复斟酌，觉得广告业务不同于广告设计，面对的是人，自己性格外向、独立性强，而且有广告设计的底子，联系业务时能领会广告客户的意图，一定能比不懂艺术设计的人有优势。加之如果具有广告业务的经历，能更好地揣摩客户需求，对将来成为一流的电脑美术设计师也很有帮助。小娟不但愉快地走上了新岗位，而且当年就经手广告业务600多万元，成了报社里小有名气的人物，个人收入也得到了极大的提高。

点评：小娟选择的职业符合自己的性格特点和所学专业，得到了父母的支持，且根据公司的要求进行适当调整，因此获得了职业生涯的成功。

三、评价自己的职业生涯规划

经过长时间的调查、思考和规划，我们终于形成了属于自己的职业生涯规划方案。现在需要回过头来审视一下自己的职业生涯规划，看看是否实用、可行，能不能实现自己的人生价值。

（一）评价职业生涯规划的目的和依据

1．目的

评价职业生涯规划的目的在于进一步发挥职业生涯规划对自我发展的激励作用，为自己能有一个良好的开端和高质量的职业生涯规划服务。

2．依据

中职生在评价自己的职业生涯规划时，要始终围绕规划能否促进职业生涯的可持续发展来进行。在具体操作时，应从以下两个方面来把握：

第一，要有现实性。主要体现为长远目标和近期目标是否适合自己，制定的措施能否落实，能否让自己不断地品尝成功的喜悦。职业生涯规划必须具有可操作性，且有实现的可能。

第二，要有激励性。主要体现为阶段目标和发展措施能否不断地激励自己奋力拼搏、奋发向上，能否督促自己珍惜时间、养成良好的习惯，能否不断地增强自己实现发展目标的自信心。

（二）评价职业生涯规划的方法和形式

1．方法

评价自己的职业生涯规划主要从以下两个角度来进行：

第一，按职业生涯规划的设计过程，即按发展条件、发展目标、发展台阶、发展措施四个环节的顺序，审视各环节的现实性和激励性。

第二，重点检查自己的近期目标与发展条件的匹配程度，以及近期目标的成功概率和实现近期目标措施的可行性，即检查与职业生涯发展的职业准备期、职业选择期、职业适应期有关的目标、措施的现实性和激励性。

2．形式

评价职业生涯规划主要有自我评价、集体评价和教师评价三种形式。

自我评价是评价职业生涯规划的基础，除了按上述方法整体审视、重点检查规划的内容以外，还要回顾自己在学习职业生涯规划课程和制定自己的职业生涯规划的过程中有哪些提高和欠缺，要通过自我评价再次认识自我、激励自我。

集体评价是完善职业生涯规划的重要保证。在进行小组或班级评价时，一方面，要鼓励同学积极评论，认真倾听同学们的建议；另一方面，在评价别人的职业生涯规划时，既要积极提出修改建议，还要发现、肯定其在学习职业生涯规划课程的过程中所取得的进步。集体评价的过程是相互帮助、相互激励的过程。

教师评价是再次修订职业生涯规划的导向。不用过分看重得到的分数或等级，而应该重视教师对规划本身的修改建议，重视教师对你在规划自己职业生涯的过程中取得的进步的评价。

生活实例

小明是某职业学校汽车维修专业的学生。在步入职校之初，他在老师的指导下，制定了自己的职业生涯规划。经过两年的在校学习，他将当初的设想与自己的现状相比较，对自己的职业生涯规划进行了修正，对自己未来的职业目标进行了分阶段的定位：技术工人——技术专家——部门经理。当他与同学和老师分享自己的规划时，得到的评价如下：

同学：思维活跃，有创新精神，更适合做销售工作，但沟通能力、交际能力、演讲能力有待提高。

老师：有上进心，但应注意脚踏实地，提高专业技能。

点评：小明的职业生涯规划得到了同学和老师的评价，有助于其职业生涯的成功。

思考与练习

1．学信息管理专业的小琼制定了一份由信息处理及录入员起步，以办公文员的职位过渡，努力成为高级文秘或行政助理，向行政主管转型的职业生涯规划。她在实现近期目标的计划中，不但有提高录入速度和熟练使用各种办公软件的指标，而且还针对今后晋升、转型的需要，制订了提高文字功底、英语水平的计划，初步明确了考取文秘职业资格证的时间。除此之外，小琼专门就提高组织能力、协调能力、沟通能力、执行能力、判断能力、应变能力和亲和力、责任心方面，制定了训练措施。

请根据上述材料，从现实性与激励性两个方面对小琼的职业生涯规划作出评价。

2．以小组为单位，参照表 4-4 所示的评分表，对小组成员的职业生涯规划书在自评的基础上进行互评，看看有哪些需要改进之处。

表 4-4　职业生涯规划评分表

评价内容	评分要点	分值（分）
自我认知（25 分）	自我分析清晰、深入，能清楚地认识到自己的优势和劣势	10
	对职业兴趣、职业能力、行为风格、职业价值取向的分析全面、到位	10
	从个人兴趣爱好、成长经历、社会实践等方面分析自我	5
职业认知（25 分）	了解社会的整体就业趋势，并且了解中职生的就业状况	5
	清晰了解目标行业发展前景及现状，并且了解行业中的就业需求	5
	对行业的人力资源管理战略、企业文化等的分析能做到“人职匹配”	5
	对目标职位的工作职责、任职者所需技能的分析能做到“人岗匹配”	5
	通过对外部环境的分析，能清楚地认识到自己面临的机会、挑战	5
职业目标设计（15 分）	职业目标确定和发展路径设计符合外部环境和个人特质	5
	职业发展路径符合现实，职业目标具有竞争力	5
	能用长远的眼光设定职业目标，并将长远目标划分为几个阶段目标来实现	5
规划与实施计划（15 分）	行动计划清晰、可操作性强	5
	行动计划在保持个人优势、全面提升个人竞争力方面针对性强	5
	近期计划详尽，中期计划清晰、灵活，长期计划具有方向性	5

续表

评价内容	评分要点	分值（分）
评估与调整（10分）	对行动计划和职业目标建立评估方案，如要达到什么标准，评估的要求是什么	5
	对职业路径进行可行的调整，备选方案也能充分根据个人与环境的评估进行分析确定	5
思路和逻辑（5分）	思路清晰、逻辑合理，能准确地把握职业生涯规划的核心与关键	5
美观性（5分）	清晰美观、创意新颖	5

第五章　做好就业准备

学习目标

◈ **认知：** 理解角色转换的重点；掌握求职的基本方法。

◈ **态度：** 形成适应社会、融入社会的态度，确立正确的就业观、择业观。

◈ **运用：** 修改、完善发展目标和发展台阶，针对自己与“职业人”素质的差距，制定提高措施，践行适应社会、融入社会的行为，尝试求职的基本方法。

第一节　端正就业观念

走好职业生涯的第一步

小华是某职业学校汽车维修专业的毕业生。在校学习期间，他刻苦读书、潜心钻研，顺利地拿到了汽车维修工技师证和汽车维修工上岗证。在找工作时，小华收到了好几家公司的录用通知书。

经过再三考虑，小华放弃了到两家大维修厂工作的机会，选择了一家小维修厂，开始了自己职业生涯的第一步。小华想，虽然这家维修厂与那两家大厂相比，在规模、名气、薪酬上都存在一定差距，但是这家维修厂十分重视对员工的培养，而且发展迅速。虽然前三个月试用期的工资不高，但小华并不为自己的选择感到后悔。

现在，刚出校园不到一年的小华已经掌握了好几种品牌车型的修理技术了。对于未来的职业前景，小华满怀憧憬。

一、认清就业形势

中职生应该在认清就业形势的基础上，从个人实际、社会需求和长远发展方面入手，树立正确的择业观，这样才能顺应经济社会的发展，实现自己的职业理想。

（一）社会就业形势严峻

改革开放40多年来，我国经济快速发展，在工业化、城市化、市场化、国际化的进程中涌现出大量企业，为劳动者提供了一定的就业机会，然而与迅猛增长的劳动力供给量相比，就业岗位的增加依然显得“步履沉重”。据有关部门统计，在现有的经济格局下，每年新增的就业岗位仅为1 300万个左右，而我国新增加的劳动力加上现存的下岗失业人员，每年城镇需要就业的劳动力将达到2 400万人，供求之间存在着巨大的差距。

（二）技能型人才抢手

技能型人才是我国经济快速发展的顶梁柱，为我国实现现代化做出了突出贡献。与此同时，技能型人才占就业人数的比例也在日益上升。国家更是出台了一系列政策，大力发展职业教育。只要我们努力学好专业知识和专业技能，未来的职业发展前景会更广阔！

“灰领”人才紧缺

“灰领”是对某一类职业人群的称呼，相对于“白领”和“蓝领”而言，“灰领”既具有较强的理论知识水平，又具有较强的动手操作能力。简单地说，“灰领”就是既会动脑、又会动手的人。“灰领”职业主要包括电子商务员（师）、多媒体作品制作员（师）、计算机程序设计员（师）、计算机网络技术人员、网页设计与制作员、数码影像技术人员、工业产品造型

设计员（师）、室内装饰设计员（师）等。

据统计，我国目前在企业工作的人有1.2亿。如果把专业技术人员的一部分作为“灰领”人才来考虑，与主要工业化国家相比，我国至少紧缺“灰领”人才3 000万～4 000万。

（三）各地区就业形势差异大

一个地区的就业形势往往与当地的经济发展水平相联系。一般来说，经济发达地区开放程度比较高，市场化和国际化运作相对正规，所以能为劳动者提供较多的就业岗位。而我国幅员辽阔，各地区的经济发展水平存在着很大的差异，因此各地的就业形势也就有所不同。总的来说，我国东部沿海地区的就业形势好于西部内陆地区，开放程度较高地区的就业形势好于开放程度较低的地区。

二、树立正确的择业观

择业观是指人们对职业选择的基本看法。正确的择业观在一定程度上可以帮助求职者做出很好的自我定位，最终在求职者顺利择业方面起到重要作用。中职生树立正确的择业观，应当从以下三个方面入手。

选择职业就是选择将来的自己。

——罗素

（一）立足个人实际

择业时最基本的一点是要立足个人实际，别人眼中的“好单位”“好工作”不一定是对自身的发展最有利的职业。因此，在选择职业时，要注意结合自己的性格、爱好和优势，选择最适合自己的职业。中职生可通过以下方法正确认识自我，找到适合自己的职业：

（1）老师、家长和朋友的建议。俗话说，人贵有自知之明。但人们有时对自己的认识不太清楚、不太准确，而身边的人则往往较容易发现自己的优势和特点。因此，听取老师、家长和朋友对自己的建议、看法和评价是认识自我的一个好途径。

（2）学校就业指导机构的帮助。学校就业指导机构有老师从事专门的职业指导工作，他们能运用心理学或社会学的相关知识对咨询者进行深入了解，在此基础上对咨询者的职业心理特征做出判断、给出建议。

（3）进行自我测试。通过上网或者购买职业心理类读物，我们可以对自己的职业适应性进行测试，从而发现自己适合哪类职业。

（二）立足社会需求

职位的存在是因为社会上存在对这种职业的需求。社会需求下降，就会出现用人单位裁员的现象。中职生在选择就业岗位时，不能只根据工作是否体面、待遇高低等标准对个人得失考虑过多，而应当立足社会需求，到社会最需要我们的地方去发挥聪明才智，在奉献中实现自身价值。

生活实例

小丹是某职业学校幼教专业的学生。一次偶然的机会，她发现社会上对“育婴师”的需求很大，于是决定考取育婴师职业资格证书，加入这一行业中。

培训期间，小丹学习了关于婴儿喂养、健康、游戏等方面的课程，对婴儿各阶段的特点有了更多的了解。培训结束后，小丹考取了国家颁发的育婴师职业资格证书，正式开始了育婴师的工作。

小丹在刚开始工作时，每周只有一两个人咨询、预约，到现在几乎每天都有人打电话请小丹去照顾他们的婴儿。小丹的工作越来越忙碌，不仅获得了丰厚的经济收入，也从中获得了他人对自己的认可。作为一名育婴师，小丹感到非常自豪。

点评：小丹根据社会需求选择职业，实现了个人职业理想。

（三）立足长远发展

在选择职业时，不能只计较眼前的利益，而要考虑到每个职业今后都可能发生变化：有的职业现在“差”，不等于这个职业会永远“差”下去；一些人们都说“不好”的职业，未来也可能会有较大的发展空间。只要能够在岗位上发挥自己的优势和潜能，抓住机会学到新的东西，就不愁没有成功的机会。

思考与练习

1．小海是某职业学校外资外贸专业的学生，学习成绩十分优异，专业技能也很突出。毕业时，一家外资企业看中了他，并决定与他签约。可是小海却犹豫不决，总想着自己是不是能争取到更好的单位。最后，小海还是决定放弃这次机会，他认为凭借自己的实力能去更好的单位。在后来参加面试的过程中，小海总是按照第一家单位的待遇标准向新单位提要求，两个月下来，小海并没找到让自己满意的单位。眼看着就要毕业了，他十分焦急，整天心神不宁，吃不香、睡不好。

请根据以上材料，分析我们应如何树立正确的择业观。

2．根据本节所学的关于就业形势的知识，并结合互联网上的有关信息，分析一下目前的就业形势给自己带来了哪些机会和挑战，并据此判断自己确立的发展目标和发展措施需要做出哪些修改和完善。

第二节　做好求职准备

扎扎实实走向明天

小王是某职业学校文秘专业的学生，他的梦想是将来做知名大企业的高级秘书。小王是个有心人，学习上，他一直认认真真、踏踏实实，除了学好专业课外，还广泛涉猎各方面的知识，这为他日后成为高级秘书奠定了坚实的基础。假期里，他还常到当地的一些企业去实习。他珍惜每一次实习机会，每次实习完回到学校，都要自我总结，试着找出差距。

他给自己制订了一个加强两方面能力的训练计划：一方面，锻炼口才。他不放过课堂上的每一次演讲机会；课后也会主动锻炼自己。他进入了学校宣传部，并被任命为宣传部副部长，这对锻炼他的口才和组织能力很有帮助。另一方面，锻炼写作能力。他参加了学校的文学社，在校报上发表了数篇文章，受到了老师的多次表扬。

临毕业前，有一家知名企业去学校招聘秘书，要求有较强的口才和写作能力，在众多的应聘者中，小王得到了用人单位的青睐。经过面试，小王顺利地被这家单位录用。这为他将来的秘书生涯铺平了道路。

一、做好由“学校人”到“职业人”的角色转换

在告别学校、走向社会之后，中职生将面临人生的一次飞跃，就是结束学生时代，开始职业生涯，从“学校人”转化为“职业人”。

（一）“学校人”与“职业人”的区别

简单来说，“职业人”就是有职业的人或是从事职业活动的人，也可以说是职业活动领域中的人。“职业人”作为职业活动的主体，通过自己具备

的职业知识和职业技能，在职业岗位上，完成相应的工作职责，并获得一定的经济报酬。

我们可以从社会责任、社会规范、社会权利三个方面对“学校人”和“职业人”加以比较，如表 5-1 所示。

表 5-1　“学校人”与“职业人”的区别

	“学校人”	“职业人”
社会责任	学习专业知识、技能 对自己负责	以特定的身份去履行自己的岗位职责 用自己的知识和技能为社会服务 完成工作任务，承担成本和风险责任
社会规范	德、智、体、美全面发展 符合合格公民以及职业岗位的要求	遵守各类职业工作者的共同规范 遵守所从事职业的特殊规范 违背规范要承担相应的责任
社会权利	享受家庭和社会给予的条件 享有依法接受教育的权利	依法行使职权、从事工作 向外界提供自己的职业劳动 在履行义务的同时获得经济报酬

（二）角色转换的重点

角色转换要通过两步来完成：第一步，在学生时代就做好转换的心理准备，了解两种角色的区别，在日常学习和生活中加强针对性训练，在实习期间有意识地强化训练；第二步，就业后结合岗位特点，在从业实践中锻炼自己的能力，顺利地完成角色转换。

在角色转换过程中，要注意以下重点。

1. 个性导向向团队导向的转换

“学校人”之间的人际关系简单，任务单一，以完成学习任务为主。虽然在一个集体中生活，但学习活动主要由个人完成。在多种形式的学习活动中，学校鼓励学生发展自己，个性发展在学校教育中也受到特别的重视。

名人名言

所谓团队，是一群具有互补技能、致力于共同目标，并相互负责的人员。

——卡曾巴赫·史密斯

“职业人”之间的人际关系复杂，任务多样，以完成职业任务为主。从宏观来看，在社会分工的条件下，任何职业活动的运行都离不开与他人的协作，每个人在为他人提供服务的过程中，也在接受他人的服务。从微观来看，职业任务的完成不能只靠个人，而要靠众人的合力。现代企业十分重视团队精神，重视员工之间的合作和企业的凝聚力。只有在一个优秀的团队中，个人才能充分发挥作用并得到发展。具有团队精神，在团队中明确自己的位置，处理好同团队其他成员的关系，是职业人的重要特征。

因此，中职生在校期间应积极参加各种活动，有意识地培养团队精神，在实践中提高自己的团队意识。

2．成长导向向责任导向的转换

“学校人”的主要任务是汲取知识，德、智、体、美等全面发展，这是一个接受教育、储备知识、培养能力的成长过程。没有完成任务的后果，主要只涉及自身利益。

“职业人”是以特定的身份去履行自己的职责，依靠自身的本领为社会服务，完成社会分工中应尽的职责。如果“职业人”没有按职业要求履行责任，带来的后果影响会比较大，小则给企业带来损失，大则危害社会。

中职生在校期间，应把每一项实验、实训当作真正的职业活动来完成，认真完成班级、学校交给的任务，有意识地培养自己的责任感。

生活实例

小丽是某职业学校的学生，毕业后在一家外贸公司工作，负责递交文件、打扫环境卫生、清理垃圾杂物等，工作琐碎且辛苦。不过她很感激老板并未因文凭低而拒绝她。在公司里，她总是尽心尽力，没有怨言。她连续五年上班全勤，从未迟到或早退，而且乐于助人，年年当选优秀员工。她自愿放弃每两周一次的周六休假，也从未索要过加班费。

她还是公司环境的维护者。清理垃圾时，她坚持将垃圾分类，印错的纸张或是一些背面空白的废纸，她都会裁成小张分给同事做便条，其他废纸可以回收的就一一摊平后与废纸箱一并捆绑卖掉，将得到的钱捐给工会。

两年后，小丽靠自己做企业的“主人”或“合作人”的责任感，在那些高学历员工的羡慕眼光中被破格提拔为总务主任，进入公司中层主管的行列。

点评：一个勇于承担责任的人也会被视为有能力的人，进而成为名副其实的企业“主人翁”。

3．思维导向向行为导向的转换

“学校人”的学习活动以思维为主，主要特点是“想”。思维活动是用头脑去想、去记、去理解的活动。它主要表现在意识领域，允许“想”错。例如，考试答错题，最坏的结果也只是不及格。

“职业人”的职业活动以行为为主，主要特点是“做”。有行为就有相应的结果，基本上不允许犯错误。例如，会计不慎开了一张空头支票，就必然会给企业带来损失。

中职生应在学习理论和实际训练时，严格要求自己，养成不允许自己出错的习惯，特别要珍惜社会实践、实训实习的机会，为思维导向向行为导向的转换做好铺垫。

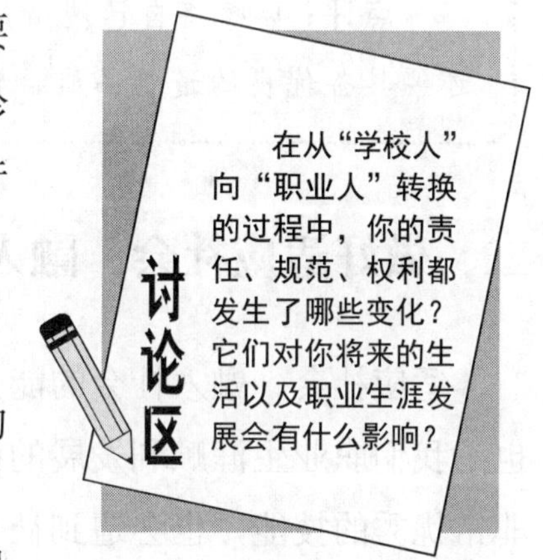

4．智力导向向品德导向的转换

“学校人”以学习为主，智力高、学习好的学生往往是同学心目中的佼佼者。

“职业人”以职业为主，企业效益的提高虽然也依靠员工的智力，但更需要员工对企业的忠诚。效益的提高主要依靠员工之间的精诚合作，因此，许多企业十分重视“做人”和“做事”的关系。

中职生在校期间，不应重智育、轻德育，而应德智并重，在学习、生活中认真“做人”，为职业生涯的顺利起步做好准备。

生活实例

小梅进了职业学校后，一直希望成为一名茶艺师。入校不久，小梅就主动向学校开设茶艺课的宋老师请教有关茶艺的知识。而后，小梅选择了学校开设的茶艺课，在课堂上，她学习非常认真，在课外更是勤加练习。每当宋老师在校外做茶艺表演时，小梅总会找机会去观摩、学习。

小梅在苦练茶艺技能的同时，也没有忘记修身养性。她在平时的生活和学习中，总是严格要求自己，真诚待人，与人为善，主动帮助同学解决学习和生活中的困难。

随着时间的推移，小梅不仅茶艺技能越来越熟练，掌握的茶文化知识越来越丰富，而且也越来越受到老师和同学的欢迎与喜爱。

临近毕业，一家曾经看过小梅茶艺表演的茶社老板找到小梅，聘请她担任该茶社的茶艺师，小梅终于实现了自己的职业理想。

点评：要想将自己塑造成为成功的“职业人”，不仅要具备高超的技艺，还要具备优良的道德品质，做到德艺双馨。

二、做好适应社会、融入社会的准备

适应社会、融入社会的能力是我们在社会中生存所必须具备的基本能力，也是我们职业生涯顺利发展的前提。如果缺乏这种能力，即使在其他方面具备非常优秀的技能，也会遭到社会和职场的排斥，无法获得施展抱负的空间。

（一）在适应社会、融入社会的过程中让职业生涯得到发展

一个人能否适应社会、融入社会，不但直接关系着求职就业的成功率，而且决定着职业生涯能否顺利发展。适应社会、融入社会的能力即社会能力，主要强调的是在职业活动中对社会的适应性，是职业能力的重要组成部分。

中职生即将结束学生时代转而走向社会，要想生存，就要通过工作来获取报酬。如果社会能力强，可能很快就会被领导、同事、顾客所认可和接受，反之，就可能遭到排斥和拒绝。

社会能力在一定程度上反映的是做人的能力，社会能力的高低反映了从业者情商水平和道德水平的高低。人的一生可能多次变换职业，但在从事每一种职业时都离不开社会能力，职业生涯会在社会能力提高的过程中得到发展。

职场发展注意事项

(1) 通过分析公司目标和战略来提高自己在公司的价值，然后推算如何为公司做出具体的贡献。

(2) 一旦你对现在的工作驾轻就熟，就要申请新的任务或承担新的挑战，不断为自己设定新的目标。

(3) 不要等别人对你的工作做出评价，每隔三个月主动找你的主管面谈，直接听取他对你如何改进工作的建议，接受意见时心胸要开阔，要把它作为学习的机会。

(4) 将你的成绩和进步记录下来，总结时就能一目了然。

(5) 学习新知识，与现在的科技保持同步。

(6) 通过在单位的积极表现提高你的知名度，使你成为核心成员，多帮助他人，使你更受大家欢迎。

(7) 创造良好的人际关系。

(8) 拥有创业者的决心，选择挑战最大的岗位。

(9) 愿意重新定位，考虑更远大的前景。如果你现在的定位不够成功，不妨观察一下身边的其他机会，在家门口找机会比在遥远的地方更容易。

（二）中职生提高社会能力的基本途径

1. 在学习中训练提高

知识本身并不等同于能力，它是能力的基础，只有将知识运用于实践时才会成为能力，这需要有一个转化过程，这个转化过程的完成需要训练。通常学校安排的一些调查、实验、实习等实践类的课程，就是为了使学生将知识转化为能力，其中也包括社会能力。中职生在校期间，应当积极主动地完成这个转化过程。只有这样，才能在将来的工作中表现出自己的能力。

2．在日常生活中训练提高

社会能力的提高要靠日常生活中的训练。平时就要注意训练自己的言行举止，争取给人留下良好的第一印象。

有的同学可能平时只顾学习，不愿意承担社会工作。其实承担社会工作是提高组织能力和执行能力的一种途径。用人单位有时非常注重毕业生在校期间担任过的职务，借此来评估其团队精神、组织能力和执行能力。

3．在社会实践中训练提高

虽然在学校的生活中可以训练自己的一些能力，但学校生活是有一定局限性的。学校的人际关系比较简单，遇到的问题和矛盾也比较简单。因此，只有在社会实践中才能真正提高自己的社会能力。中职生要积极主动地适应社会，在校期间要多参加各种社会实践，这样才有利于社会能力的快速提高。

三、掌握求职的基本方法

做事要讲究方法，掌握了行之有效的方法，就可以收到事半功倍的效果。求职也不例外，从开始求职到求职成功，每一步都有法可循。

（一）搜集和整理职业信息

信息是决策的重要依据，全面、准确的职业信息能够确保我们做出正确的职业决策。如果求职者耳目闭塞、信息不灵，择业就如同盲人骑瞎马，很难找到理想的工作。因此，我们要重视职业信息的搜集和整理。

1．职业信息的搜集

一般来说，求职者搜集职业信息的途径主要有以下几种：

（1）从国家的有关决议、决定、规划、规定等文件，以及各地区发布的有关决定和各种人才流动政策中获得职业信息。这类信息可以从宏观上指导毕业

生求职。

（2）从劳动部门、人事部门、毕业生分配部门、职业介绍部门等获得相关信息。

（3）通过报纸、杂志、广播、电视等新闻媒体了解劳动力市场信息。

（4）通过亲戚、朋友、邻居、师长、校友及其他熟人获得信息。

（5）通过电话、信件或专门造访用人单位获得信息。

（6）借助互联网查询相关信息。

拓展阅读

职业信息的内容

一般来说，一条完整的职业信息包括以下内容：

（1）用人单位的基本情况，包括用人单位所属的行业、业务范围和内容、所在地区、产权性质等。

（2）招聘岗位的工作内容，包括工作职责、工作权限、考核方式、工作时间、工作场所、工作环境等。

（3）用人单位的薪酬待遇，包括工资、奖金、津贴、福利、社会保险等。

（4）招聘条件，即用人单位对求职者的具体要求，包括学历、专业、职业资格、能力，以及心理素质、身体素质要求等。

（5）招聘数量与报名方法，包括用人单位有哪些岗位要招人，每种岗位招聘人员的数量，报名的时间、地点、方式，应准备哪些证件和材料等。

2. 职业信息的整理

在搜集到大量的职业信息之后，接下来要做的工作就是对搜集到的信息进行整理分析，找出对我们有价值、可利用的信息，摒弃那些无用、冗余的信息，以及错误、虚假的信息。同时，在整理职业信息时，要避免偏听偏信，应认真考察信息来源的可靠性。

生活实例

小伟是某职业学校机械制造专业的学生，平时的学习成绩处于中等水平，这使得他常常为自己的前途感到担忧。

为了使自己能够顺利就业，小伟利用实习的机会搜集了大量机械制造行业的招聘信息，并主动与各单位用人部门的负责人接触，从中了解用人部门的需求。最后，小伟选择了一家比较适合自己的公司去面试。由于小伟对该公司了解得比较透彻，因此在面试时从众多的竞争者中脱颖而出，得到了自己想要的岗位。

点评：小伟之所以能轻松就业，主要源于他科学地搜集与整理了职业信息，并采取了有针对性的措施。

（二）了解求职途径

求职途径因人而异，我们一般可以通过以下几种途径进行求职。

1．学校推荐

职业学校设有专门为学生提供就业指导的部门，负责毕业生的就业工作。就业指导部门的老师有比较丰富的就业指导知识，能够给我们提供针对性强、适配度高的职业信息。

2．实习就业

职业学校一般都会组织毕业生到一些单位去实习。在实习期间，不少学生因为努力工作和认真学习而被用人单位选中。在中职生的择业过程中，这是一条“顺风直航”的就业途径。

3．参加招聘会

当前，现场招聘会较多，这也是我们求职的重要途径之一。除了参加学校组织的校园招聘会外，还可以根据自身情况，有选择性地参加一些社会招聘会。

4．网络求职

网络求职范围广，无区域和时间限制，快捷、高效、省时省力、费用低，种种优势使得网络求职受到越来越多求职者和用人单位的青睐。

拓展阅读

网络求职常用网站

中国人力资源网　http://www.hr.com.cn

中华英才网　http://www.chinahr.com

智联招聘网　http://www.zhaopin.com

前程无忧求职网　http://www.51job.com

过来人求职网　http://www.guolairen.com

应届生求职网　http://www.yingjiesheng.com

5．利用社会关系

在现代社会，社会关系网络对求职者来说，可能就是就业机会。父母、亲友往往能提供有用的职业信息，而且比较准确、可靠。此外，已毕业的师兄师姐、学校的专业课程老师也能够提供不少有用的职业信息。

（三）制作求职材料

许多用人单位在招聘时，往往要求求职者先寄送求职材料，以便对求职者进行筛选，进一步确定考察对象。因此，写好求职材料在求职过程中变得越来越重要。一般来说，求职材料包括求职信、个人简历等。

1．求职信

求职信是毕业生针对招聘岗位向用人单位进行自我推荐的书面材料。一份好的求职信体现了求职者清晰的思路和良好的表达能力，招聘者通过求职信可以看出其沟通交际能力和性格特征。

（1）求职信的书写格式

求职信的重点在于“荐”，在构思上一定要围绕“为何荐”“凭何荐”“怎样荐”的思路进行安排，其书写格式与一般书信大致相同，包括标题、称呼、正文、结尾和落款几个部分，如表 5-2 所示。

表 5-2　求职信的书写格式

项目	内容及要求
标题	求职信的标志和称谓，要求简洁、醒目、庄雅
称呼	指对主送单位或收件人的称呼，因此往往要比一般书信的称呼正规一些，在实际书写时要区别对待
正文	求职信的核心部分，其形式多样、风格各异
结尾	包括两个内容：一是盼回复，二是祝词
落款	署名并注明日期

（2）撰写求职信的禁忌

一般来说，撰写求职信有六大禁忌，中职毕业生书写时一定要注意避免。

- **忌长篇大论**：求职信的内容应以简洁为原则，尽量在一页纸内完成。
- **忌堆砌辞藻**：注意语言亲切、自然、实实在在。
- **忌夸大其词**：在措辞方面要留有余地，不要说得过于绝对。
- **忌缺乏自信**：适度的谦虚是一种美德，也会使对方产生好感，但过度谦虚则是不自信的表现。
- **忌千篇一律**：撰写求职信时要有自己的风格与特点，不能千篇一律、落入俗套。一定要把自己的强项写出来，将自己的“亮点”展示出来。
- **忌粗心大意**：求职信完成后，要反复阅读，以避免出现错别字和语法错误。

2．个人简历

个人简历是一个人生活、学习、工作的所有经历及所取得成绩的概括集锦，其真正目的就是让用人单位全面了解自己，从而为自己创造面试的机会。

（1）个人简历的基本要素

个人简历主要包括个人基本情况、教育背景、求职意向、本人经历、知识

和技能、个人特长及所获荣誉、自我评价等要素，如表 5-3 所示。

表 5-3 个人简历的基本要素

项目	内　容
个人基本情况	包括姓名、出生年月、性别、家庭住址、政治面貌、身体状况、联系方式等
教育背景	包括毕业院校、所学专业、学位、学历、主要课程等
求职意向	包括向往职业的地域、行业、岗位等方面的意向
本人经历	包括学习、社会职务或活动、义务性工作（志愿者）、社会性工作、社会实践，以及在这些工作中用到的工作技能等
知识和技能	主要包括知识结构、外语和计算机水平及其他技能证书等
个人特长及所获荣誉	包括个人兴趣、特长，在校获得的荣誉，以及参加各种竞赛所获奖项、各种资格证书等
自我评价	主要是总结自己良好的个性品质，如学习能力、沟通能力、适应能力、创新能力、团队合作精神、敬业精神等

（2）撰写个人简历的原则

中职生在撰写个人简历时应遵循以下基本原则：

- **简短**：简历不要太长，一般有一页 A4 纸即可。
- **清晰**：要使用简单、清晰易懂的语言；尽量不使用缩略语或学生中流行的时髦词汇；若打印，应选择合适的字体和字号。
- **准确**：表达要清楚、准确、规范，不要出现错别字。
- **真实**：撰写简历既不夸张（自负），也不消极地评价自己（过分谦虚），更不能编造。

生活实例

小王的身高是 171 cm，但他听说很多单位招聘时对身高都有要求，于是就在简历里的“身高”一栏填了“175 cm”。参加招聘会时，为了使自己的身高显得与简历相符，他特意穿了一双鞋跟比较高的皮鞋。招聘会上某知名企业正在招聘管理人员，待遇也不错，但就是要求身高在 175 cm 以上。小王递上自己的简历后，用人单位还专门强调了身高方面的要求，并问他是否确定自己的身高符合要求。为了通过第一关，小王说他绝对符合要求。

招聘人员也比较满意。

过了几天，该单位通知他前去面试，小王就坐汽车颠簸了几个小时来到位于郊区的该单位，结果面试的第一项内容就是测量身高。由于弄虚作假，小王在面试中第一个就被淘汰了。

点评：简历应真实地反映个人的基本情况，弄虚作假的结果只能是被淘汰。

（四）掌握笔试技巧

笔试是指用人单位为考查应试者是否具备招聘岗位所需的知识和技能而以书面形式进行的测试。许多用人单位都喜欢先对求职者进行笔试，以了解求职者的知识结构和工作能力。

参加笔试以前，要进行简单的复习。要知道，获取知识的过程是一个不断积累的过程，良好的笔试成绩来自于平时的积累。所以，在校期间刻苦学习相关知识，笔试时才会信心十足、得心应手。

笔试前要注意保持良好的身心状态。学会给自己减压，适当参加一些活动，转移注意力，把自己从高度紧张的状态中解放出来。另外，还需要保证睡眠时间和睡眠质量，这样才能确保在笔试时有充沛的精力和良好的竞技状态。

（五）掌握面试技巧

面试是用人单位在规定的时间和空间内通过当面交流来考核应试者的一种招聘测试。面试包括三个阶段，如表 5-4 所示。

表 5-4　面试的三个阶段

阶段	主要任务
第一阶段： 面试前的准备阶段	做好各项准备，包括：形象准备，如衣着、礼仪等；知识准备，如公司信息、专业知识等；心理准备，如保持轻松、愉快的心情等

续表

阶段	主要任务
第二阶段： 面试进行阶段	开始时，应试者要尝试通过最初的接触给主考官留下良好的印象，为进一步沟通做准备。当转入具体谈话时，要保持积极向上的心态，认真思考和回答主考官提出的各种问题。当面试进入尾声时，主考官对应试者的技能和兴趣已经有了一定的了解，这时应试者也可向主考官提出问题，如询问面试流程、得到面试结果的时间等
第三阶段： 面试结束后的追踪阶段	主要是做总结，应试者应当回顾一下自己在面试过程中的表现，并记录相关信息

要取得面试的成功，在面试的各个阶段都要集中精力，认真对待，力求全面展现自己的专业优势和综合素质。具体来说，应当注意以下几个方面：

（1）面试前要想到各种细节，准备充分，给面试官留下良好的第一印象。

（2）注意礼仪，展现个人风采。

（3）自信自强，语言把握有度，沉着、不怯场。

（4）实事求是，不要弄虚作假。

当然，功在平时，临时抱佛脚则难以见效。我们在平时学习时，就应注意积累知识，提高修养，这样面试时才会有优异的表现。

思考与练习

1．小明是某职业学校电气专业三年级的学生，现在在一家维修厂实习。以下是他某天发表的微博：

今天比较烦，比较烦，比较烦！

今天上午一会儿都没闲着，接连进行了五个部门的维修工作；师傅对我说“帮我把兆欧表拿来”，我居然分不清是哪个；因为我上班穿白色袜子被罚款50元；我这个月迟到三次，连累全小组的人都没有全勤奖了，我觉得大家看我的眼神都不一样了……

请根据上述材料，分析“学校人”与“职业人”的区别。

2．将全班学生分成若干小组，进行模拟面试。任选几名学生模拟主考官，选择1人模拟应试者，6人模拟旁观者（具体人数可根据实际情况调整）。每个人都需模拟主考官、应试者、旁观者三种角色，并从不同角度出发，看看自己的表现如何。

活动结束后，每个人针对自己的表现填写表 5-5，看看模拟面试反映了自己的哪些优点和缺点，以便进一步采取措施弥补缺点。

表 5-5　面试表现及评价

项目	具体内容与要求	自我评价		
		我很棒	我还要努力	我得加油了
面试前	进行专业知识和技能准备			
	准备好求职信和个人简历			
	了解招聘会和岗位的相关信息			
	衣着大方得体			
面试中	简单介绍自己的背景和长处			
	微笑，保持良好的姿势			
	用简短、精练的语言回答问题			
	保持积极向上的态度			
	放松，不要过于紧张			
面试后	对面试情况进行记录和总结			
	正确看待面试结果			
	根据面试情况调整自己的行为			

第六章　培养创业能力

学习目标

◈ **认知**：了解创业的重要意义和中职生创业的优势，掌握创业常识和创业过程。

◈ **态度**：形成创业意识，做好创业准备。

◈ **运用**：对照创业者应有的素质和能力，制定提高措施，编制创业计划书。

第一节　创业认知

"小师傅"点心坊初露锋芒

广西某职业学校的"小师傅"点心坊是由 10 位中西点专业的二年级学生创办的，启动资金仅 1 000 元，每位学生出资 100 元。对于这个校园创业的"新生儿"，学生和教师们都尽心呵护。每天下午 4 点，校园里蛋糕飘香，不少学生都前来光顾"小师傅"，一时间生意很红火。

开业一个月后，这个创业团队产生了一些内部矛盾，师生们都对它的命运感到担忧。这群十六七岁的孩子每天面对购料、半成品加工、销售等一系列高强度的工作，以及成本控制、新产品研发等多方面的管理问题，感到了压力。令人欣慰的是，这些中职生挺了过来，他们不但学会了如何工作，而且正在进行扩大市场的思考。

"小师傅"点心坊创办一年后，成员都大换班了，一年级中西点专业的 14 位学生接手，其经营范围从原来的西点扩大到中西点，品种增加到几十个，而且形成了比较成熟的营销理念。目前，点心坊每天的营业额达到 1 000 元左右。

一、创业的重要意义

创业就是创办自己的事业。创业是利国、利他、利己的好事，具有以下重要意义。

（一）创业是提高个人素质的重要途径

创业是一项充满挑战的活动，可能会遇到许多挫折和风险，但对创业者来说，这也是饱含着喜悦与憧憬、充满了振奋与激情的过程。创业是自我学习和探索的过程，是磨炼和提升的过程。创业成功，能给人带来信心，从中体验快乐与喜悦；即便创业一时失败，也会使创业者在挫折中得到磨炼、变得坚强，还能够为职业生涯的进一步发展积累经验，为未来的成功奠定基础。

（二）创业促进职业生涯目标的实现

中职生走创业之路，有利于按照自己的意愿实现职业生涯目标。创业者有着充分的自主性，可以按照自己的思路选择经营项目，按照自己的想法运作企业，从而成为自己事业的主人。创业者可以结合自己的兴趣、爱好设计职业生涯发展目标，如果创业成功，不但能获得一定的经济收益，还会向自己的职业生涯目标迈进一大步；即使创业失利，也会在创业过程中锻炼能力、磨炼意志、积累经验，为实现自己未来的职业生涯目标奠定基础。

独辟蹊径才能创造出伟大的业绩，在街道上挤来挤去，不会有所作为。

——威廉·布莱克

（三）创业有利于社会的发展

创业不仅能充分展示一个人的价值，使创业者的职业生涯实现质的飞跃，而且具有重要的社会意义。

1．创业有利于缓解和解决就业问题

现代经济是以现代化、高科技为主导的经济，高技术的发展必然会使企业降低成本、提高效率，中小企业随着社会需求的日益多样化会快速增加。在这样的大环境下，鼓励创业就成为解决就业问题的一种行之有效的方法，对缓解整个社会的就业压力起到一定作用。

2．创业有利于社会资源的合理配置

从行业发展角度来讲，新创企业的加入和成功会使行业竞争加剧，造成优胜劣汰的局面。而竞争的加剧有利于经营良好的企业脱颖而出，从而有利于有限的社会资源得到合理配置，促进社会主义市场经济的快速发展。

3．创业有利于推动科学技术的进步和社会生产力的发展

提高企业竞争力的关键之一是技术创新，而创业往往伴随着创新。新技术、新方法对社会科技水平的提高有着不可替代的作用，而社会的发展也由于创新企业的成功而被注入了新的活力。

小创新，大创造

1903 年，吉列先生发明了可替换的剃须刀，从此风靡全世界，公司也成功上市；1958 年，安藤百福在自己简陋的 10 平方米小工厂里发明了方便面；1971 年，日清的王牌产品“出前一丁”推出了杯装即食面，随即风靡全球；1992 年，戚石川兄弟发明了罐装甜粥“泰奇八宝粥”，多年来，“泰奇八宝粥”为他们创造了巨大的财富。

二、创业者应有的素质和能力

创业能否取得成功受到创业者的内在因素和环境等外在因素的影响。不过，外部的创业环境作为外因，归根结底还是要通过内因起作用，所以，真正起决定作用的是创业者的创业意识、综合素质和应用能力等内在因素。

（一）创业意识

创业意识是创业成功的前提，是创业素质的重要组成部分。没有强烈的创业意识，就很难克服创业道路上的重重困难。成功往往属于有准备的人，创业的成功是思想上长期准备的结果，它属于有创业意识的人。

创业意识主要包括以下三个方面。

1．创业动机

创业是一个艰难的过程，也是一项具有挑战性的工作。在创业过程中，必然会遇到数不尽的困难，没有强烈的创业动机，就没有对事业执著追求的精神和热情，其创业的梦想只能是昙花一现，最终的结果只能是放弃。有强烈的创业动机，才能有执著的努力，才能不畏艰难，取得创业成功。

2．风险意识

创业是“从头做起”的工作，是有风险的，开始时不能保证结果一定成功。因此，要成为成功的创业者，必须要有风险意识。当然，为了提高创业的成功率，要进行全面的思考、正确的筹划和细致的准备。

生活实例

小许一门心思想做老板。经过七年的努力工作和省吃俭用，他积累了一笔资金。他认为，个人创业必须具有丰富的工作经验，所以在之前的工作中，他总是分内分外的事抢着干，从不计报酬，目的就是多学点本事，为自己开公司做准备。

另外，他认为个人创业必须有一个好的项目，所以他选择了当时的朝阳产业——房地产租赁咨询。公司开业后最初的三个月几乎没有生意，半年之后，他赔了三万元。于是，他开始动摇了，觉得自己是在靠天吃饭，靠运气吃饭。到第七个月，他就关掉了公司。

点评：要想创业成功，还要学会如何避免“打水漂”。

3．责任观念

创业是我们为自己开创有前途的事业，既然存在风险，就有可能付出一定的代价。因此，我们要有做事的责任观念。

（二）综合素质

创业是一种开拓性的活动，对中职生来说，更是一个全新的领域。要想成为一名成功的创业者，必须具备以下素质。

1．专业技术知识

内行创业会事半功倍。有创业意向的学生要努力学好专业课程，目标明确地选修相关专业的课程，有意识地捕捉与创业有关的信息，还可以利用假期到企业进行亲身体验，在实践中锻炼自己。

2．经济法知识

国家针对社会经济活动制定了大量的法律、法规，这有利于规范社会经济行为，为企业提供公平竞争的环境。创业者必须掌握有关的法律知识，为自己的创业提供有效保护。

3．经营管理知识

要创业，必须掌握一定的企业经营与管理知识。具体来说，这些知识包括需要什么样的技术和人才、需要多少资金，还包括在创业注册和经营活动中应当掌握和运用的产品质量、安全生产、环境保护、劳动合同等知识。

4．创新思维

爱动脑筋，勇于探索，不拘泥于现成的东西，从不同的角度看问题、想问题，可以创新产品，也有利于改善管理。

名人风采

19世纪末，美国加利福尼亚州发现了黄金，出现了“淘金热”。有一位17岁的少年来到加州，也想加入到淘金者的队伍，可看到金子没那么好淘，淘金者又很野蛮，他便动摇了。这时，他看到淘金者在炎热的天气下干活口渴难熬，就挖了一条沟，将远处的河水引来，经过三次过滤变成清水，然后卖给淘金者喝。金子不一定能淘到，而且有一定的危险性，但卖水却十分保险。他很快就赚到了6 000美元，随即回到家乡办起了罐头厂。这个人就是后来被称为“美国食品大王”的亚尔默。

（三）应用能力

创业者需要具备较强的应用能力，具体包括以下几个方面。

1．学习能力

创业者必须具备一定的学习能力，通过学习创业知识（如法律知识、财务知识、市场知识等）来完善自己的知识结构，以做出正确选择。

2．实践能力

创业过程是创业者将创业计划付诸实践的过程。在这一过程中，需要创业者具备一定的实践能力，不能眼高手低。中职生要通过进行有针对性的实践，从日常参加实习和各种活动入手，逐渐提高自身的实践能力。

3．管理能力

一般来说，管理能力包括计划能力、组织能力、领导能力、控制能力和协调能力。创业者有效地运用管理技巧来增加对公司的掌控是必需的。另外，管理能力也不仅仅局限于对公司的管理，还包括对自身的管理。

4．协作能力

对创业者来说，要想创业成功，需要具备很强的协作能力，主要包括人际交往能力、谈判和营销能力、协调能力、团队合作能力等。光靠单打独斗，不

仅无法创业，在职场上也寸步难行。

5．服务能力

要想在当今激烈的竞争中脱颖而出，必须树立以客户为导向的服务意识，具备并不断提升自己的服务能力，以优质服务吸引客户，获得竞争优势。

三、中职生创业的优势

对中职生来说，走创业之路具有独特的优势。近几年来，中职生依靠自身优势创业成功的事例不胜枚举，他们在为社会做出贡献的同时，也实现了自己的人生价值。

（一）年龄优势

中职生在毕业之时还不足 20 岁，年轻就有梦想，年轻就有未来。年轻，可能不成熟，但最容易产生创业激情和创业思想。人们常说，年轻不怕失败。因为年轻，未来的职业生涯道路还很长，对创业道路上的挫折承受能力就较强；因为年轻，精力充沛，乐于接受新事物，当今的信息时代正给了我们获取最新信息的良好条件。

（二）专业技能

中职学校不仅向学生传授专业知识，还十分重视专业技能的培养。中职生在校期间接受了系统的专业知识和职业技能培训后，毕业时就掌握了一技之长。中职生的专业方向明确、具体，学习的课程既有专业性，又面向某一职业群，就业的指向性强；同时，中职生的专业学习又具有实践性，强调操作，上岗即可熟练操作。专业知识与技能对我们寻找创业项目、设计创业计划、实施创业活动、评估创业成绩都很有帮助。

（三）实践经验

学校组织的社会实践、实训、实习等活动为中职生更广泛地了解企业运作创造了条件。同时，中职生还能通过参与、体验社团活动和寒暑期的社会实践，提高自己的组织、协调能力。

（四）社会帮助

目前，国家大力提倡在中职学校中开展创业教育。为了鼓励中职生创业，国家还提供了相关创业资源，尤其是政策上的支持。不仅如此，学校老师及家长也能为我们创业提供技术、资金、信息、设备、人脉等资源，并出谋划策。

四、在校期间的创业准备

中职生要想尽早实现创业，在校期间就要了解创业的各种知识，提前做好相应的准备。

（一）熟悉创业流程

熟悉创业流程是进行创业活动的基础。创业的基本流程包括进行市场调查、分析经营环境、确定具体目标、准备创业条件、进行工商登记、开始生产经营等。我们要了解每个环节的具体操作方法，以便在创业过程中顺利地实施，提高创业活动的效率。

（二）了解市场行情

了解市场行情就是要了解拟创业项目的经营管理特点、顾客需求的特点、原材料和人力资源等的供给渠道、竞争对手的情况、行业的发展趋势等。此外，还应了解企业运作过程中需要与哪些企业、单位打交道，思考怎样打交道。了解市场行情既可为今后创业做铺垫，又是自己学习知识、提高能力的重要过程，是我们在校期间为未来创业做准备的重要手段。

（三）积累人脉资源

每个企业的经济活动都有“上家”和“下家”，大家都处于一个庞大的社会

系统中。中职生在校期间，应有意识地与相关组织接触，并建立起联系；还要注意维护师生、朋友、家庭、亲戚关系，这不仅可以加深双方的情感与友谊，也可为今后的创业打下人脉资源的基础。建立人脉资源是一个挖井的过程，付出的是一点点汗水，得到的将是未来的成功和财富。

（四）学习经营知识

如果打算在市场的浪潮中创立自己的企业，就应该找时间看一些关于企业经营管理方面的书籍，最好能提前到相同或相关企业实习，从不同角度了解其管理方式。另外，也可以多阅读成功企业家的传记，从中学习他们的经营思想和经营策略。

（五）构思企划方案

中职生在校学习期间，可以开始考虑未来的创业，结合自己的职业生涯总体方向，构思创业的方向和具体方案，具体内容包括产品定位、目标市场等。在构思企划方案时，要注意小而精，不要贪大求全，要本着“他人不做，我做；他人没有，我有；他人做不到，我做得到”的思路去设计。

拓展阅读

蓝天陶艺厅校园创业计划书

蓝天陶艺厅是由某职业学校学生创办的校园模拟创业小公司。以下是其创业计划书。

1．市场定位

蓝天陶艺厅在校园里主要经营瓶、罐、杯、碟等各种陶艺产品的艺术设计、制作加工与陈设销售，并承接有关的培训指导业务。陶艺厅还提供DIY个性服务，可以让顾客尽情发挥设计才能，制作独一无二的个性化产品，以满足现代青年发挥想象力、追求艺术实践和拥有个性化生活用品的需求。

2．创业环境分析

S（Strength）——优势。广告语是“我这款是最新的”“我是艺术家”。

产品制作过程全透明，广大师生随时可以来观看各式产品的设计和制作全过程，使光顾陶艺厅的学生和其他顾客获得个性化的制造和指导服务，这会非常吸引年轻人。

W（Weakness）——劣势。经验不足是我们的最大劣势，尤其是在原料采购、财务管理、产品烧制方面缺乏经验。

O（Opportunity）——机会。国家大力扶持职业学校的实训基地，给我们创建陶艺厅带来更多的机会和可能。我们的主要参与群体是正值青春期、爱动手和对新鲜事物十分好奇的在校中职生。

T(Threat)——威胁。我们的营业时间主要集中在16:00—17:00和19:00以后，部分学生放学后直接回家，导致潜在顾客量受影响；校园内的纪念品门市部以及校园里的其他手工艺品经销点是我们的主要竞争对手。

3．拟订方案

具体项目内容包括产品设计、资金来源、人员分工、设备技术、经营场地、销售渠道、经营效益等。

4．项目可行性分析

首先，结合学校所设专业对学生的爱好进行了调查，发现许多应用美术专业的学生追求新款产品，愿意自己设计，喜欢动手制作。

其次，通过对非应用美术专业师生的问卷调查，了解到广大师生对自己亲手制作一款DIY产品有着浓厚的兴趣。

最后，分析这个项目存在的潜在风险，并提出解决办法，以应对各种变化。

5．调整实施

拟从应用美术班学生和文秘班学生中组织15人作为蓝天陶艺厅的员工，每人出资300元，并从学校创业贷款办公室贷款5 000元，作为项目启动资金。任命主管1人，原料采购人员1人，产品设计人员和DIY指导人员5人，会计人员1人，生产人员6人，卫生人员1人。

（六）进行创业体验

创业过程是一个亲身经历的实践过程，只有亲身体验了，才能有更深刻的了解和感悟。中职生在校学习期间，也可以进行创业体验，这时的创业体验能较好地为我们未来进行真正的创业积累经验。

中职生可以采取模拟创业或体验式创业的形式进行创业体验。模拟创业即由学生合作建立模拟企业，并模拟经营；体验式创业即利用学校的环境和条件，真正进行小规模创业的尝试，如在校园内外开设小花店、小影楼、小书摊、复印社等。进行体验式创业，应争取得到学校和老师的支持。

拓展阅读

几种新型的创业模式

创业模式一：网络创业

网络创业具有传统创业不可比拟的优势。它不但可以利用现成的网络资源，而且门槛低、成本低、风险小、方式灵活，特别适合初涉商海的创业者。像阿里巴巴、淘宝、京东等知名电子商务网站都有较完善的交易系统、交易规则、支付方式和成熟的客户群。

创业模式二：加盟创业

加盟创业的典型代表有成都小吃、精妆联华、老银庄等。加盟创业的好处与最大特点是利益共享、风险共担。创业者只需支付一定的加盟费，就能借用加盟商的金字招牌，得到专业指导和配套服务，从而降低创业风险。

创业模式三：寄生式创业

寄生式创业模式也称“借鸡下蛋式”创业模式，其形式为在别人已经创办的公司或店铺中插入自己的创业项目。如在超市里开一个维修手机的柜台。这种模式的好处是二者互为补充，可多方吸引顾客，不需要另外开拓消费群体，且充分利用门面空间，相对降低了门面租金，从而减少投资风险。

思考与练习

1. 小虎是某职业学校机械专业的毕业生，他毕业后盲目创业，学着别人倒菜、倒水果、倒服装，几经波折，没有一件事情做成功。正当小虎垂头丧气之时，恰好社区组织个体经营者进行自我创业分析。经过分析，小虎发现自己没能成功的主要原因是缺乏应用能力。

请根据上述材料，分析创业者需具备哪些应用能力。

2. 对照自身，说说你的创业理想，以及为了这个创业理想，你应做哪些创业准备。

第二节　创业过程

1美分垒起的大富翁

20世纪80年代末，美国斯坦福大学有一位名叫默巴克的普通学生，他利用闲暇时间承包了学生公寓的打扫工作。第一次打扫学生公寓时，默巴克在墙角、沙发缝、学生床铺下面扫出了许多沾满灰尘的硬币，这些硬币有1美分、2美分和5美分的。默巴克将这些硬币还给同学时，谁都没有表现出丝毫的热情。

此后，默巴克给财政部写信，反映小额硬币经常被人丢掉的事情。财政部很快就给默巴克回了信，信上说："每年有310亿美元的美分币在全国市场上流通，但其中的105亿美元正如你所反映的那样，被人随手扔到墙角和沙发缝中睡大觉。"看到这样的回信，如果换作一般人，也许只会发出一声感叹之后也就完了，但默巴克的脑子里却偏偏冒出了这样一个想法：如果能使这些硬币流通起来，利润该有多么可观！

两年之后，默巴克从斯坦福大学毕业了，他很快成立了自己的"硬币之星"公司，推出了自动换币机，与一些连锁超市建立合作关系，共同经营换币业务。这样一来，顾客只要将自己手中的硬币投入自动换币机，机器就会自动点数，打印收条，顾客可以凭收条到超市服务台领取纸币现金，而自动换币机将收取9%的手续费。默巴克的公司在美国8 900家主要连锁超市中设立了1 000台自动换币机，

并成为纳斯达克的上市公司。默巴克也从一个一文不名的穷光蛋，变成了万人瞩目的大富翁。

企业家提示：若你心目中认为有一个创业项目值得去开发，应该大胆付诸实施。而开始行动的第一步，是先做资料搜集和各项准备工作。经营的根本目的是赚钱，赚钱的核心是盈利模式。

一、寻找创业机会

创业从商业机会中产生，那么，哪些情况又代表着机会呢？实际上，机会无时不在，无处不在。只要你用心，寻找到机会自然不难。

（一）从问题中寻找创业机会

创业要获得成功，就必须能满足顾客需求，而顾客需求在没有满足前就是问题。因此，寻找创业机会的一个重要途径是善于去发现与体会自己和他人在需求方面的问题或生活中的难处。比如：上海有一位大学毕业生发现远在郊区的本校师生往返市区交通十分不便，于是创办了一家客运公司；双职工家庭没有时间照顾小孩，于是有了家庭托儿所；很多人没有时间买菜，就产生了送菜公司；等等。这些都是把问题转化为创业机会的成功案例。

又如，由于水质污染严重，围绕“水”带来了许多创业机会，上海就有不少创业者加盟“都市清泉”，走上了创业之路。当然，研发、销售净化水的技术和设备也是不错的创业机会。

生活实例

从吸尘器想到的

当盖伊·鲍尔弗和他的妻子朱迪正在为经营小游船坞而苦苦挣扎时，他看到清洁工用卡车携带的吸尘器吸取下水道里的污秽，突然受到启发：能否用类似的装置把草原土拨鼠从洞里吸出来呢？牛和马常常将蹄子陷在草原土拨鼠的洞里而折断腿，但由于土拨鼠极难在它的洞中被捕捉，下毒或用夹子又会伤害别的动物，因而牧场主对它们非常头疼。

鲍尔弗将他的新行业命名为"让土拨鼠走开"，他对卡车做了几处改装，其中包括在吸尘器里装了3个6英寸厚的芯。他常驾驶卡车到草原土拨鼠大批出没的地方去旅行，将这种有害动物从它们的洞中吸出来，然后再放到别的地方去，每天收费800～1 000美元。

机场在了解到他的服务项目后，也请他帮忙。目前，鲍尔弗的业务已发展到18个州，甚至还从澳大利亚传来了能否吸出兔子的咨询。

（二）从自己的兴趣中寻找创业机会

创业的过程往往是实现人的爱好和梦想的过程。许多能够赚钱的项目，是能够与自己的爱好合二为一的，兴趣与事业是可以结合起来的。

兴趣，有的是与生俱来的，有的是后天养成的。不论是哪种情况，都是对潜藏在特殊个体中的某种特质的呼应，都是个体特质的外在表现。

一个人如果能找到自己的兴趣，就有了自己生命存在的形式，并在其中流淌才智，挥洒创造力，演绎生命的精彩。幸福与成就合二为一，成就伟大事业是自然的事情。这样，你便可以在获得莫大乐趣中赚钱，在赚钱中享受自己的乐趣。仔细看看那些成功者，他们赚钱的过程往往是实现他们爱好、梦想的过程，他们赖以赚钱的东西与他们的爱好往往是一个东西。"汽车狂人"李书福就是因为酷爱带有发动机的摩托车、汽车，才狂热地投身其中，最终修成正果的。

许多人的失败，并不是因为不聪明、不努力，而是因为他从一开始就不热爱自己所从事的工作，只是把它单纯地当成了赚钱的工具。

生活实例

兴趣培养的专长

小刘自小就特别喜欢鸽子，一养就是12年。2001年他下岗了，他觉得自己最擅长的就是养鸽子，而鸽子大家都爱吃，不少饭馆也都有这道菜。

因此，他首先用300元买了12对种鸽，由于饲养得法，每对种鸽一年可繁殖7～8对，且幼鸽20天就能长到500克。小刘这下心里有了底气，他一口气租下了10亩地，建起了400多平方米的养鸽场。他又对养鸽的饲料配方、喂水和清洁时间、防病和繁殖方法重新进行了整理，从而形成了一整套科学养殖方法。

由于小刘养的鸽子肉质好，并且服务周到，送货及时，因此，他很快就成为上海几十家酒店的鸽子固定供应商。

（三）从自己的优势中寻找创业机会

优势，是你本人所具有的强项与特长。要确定优势，首先要与别人比较，自己有而别人没有、自己很突出而别人很一般的方面就是你的优势；其次要自己与自己比较，看自己能够做好的事情有哪些，其中哪些又是自己最擅长的。

发现优势，是对以往生活积累的审视。想一想，在自己过去的生命历程中形成了哪些技能，沉淀了哪些知识，现在可以使用和支配的资源有哪些。在这些技能、知识和资源中，哪些可以转化为市场价值。当然，如果能将这些技能、知识、资源集中到某一点上，那是最好不过了，你可以借此寻求快速突破，打一场“歼灭战”。

生活实例

小张的创业思考

离开了这家现在工作的公司，小张终于下定决心开始自己创业。那么，做什么呢？小张想得最多的是：与大多数人相比，自己有什么强项和资源？

小张仔细回顾了一遍自己这些年所走过的历程，自己大学学的是管理专业，毕业两年后又学了MBA，接下来在一家培训公司做管理培训工作。在这期间，自己还参加了外国的讲师训练，掌握了目前最先进的体验式教学方法。另外，由于讲课的缘故，自己还结识了一批客户，大家关系很好。

算起来，积累这些“家底”也用了十年时间。这难道不是自己的优势吗？只是还从来没有自己单独干过。

下定决心后，小张给自己设定了半年准备期，在这期间，他以独立讲师的身份去为一些企业做培训，效果非常好，这让他信心大增。半年后，小张成立了自己的公司，他根据客户的要求开发和调整了课程，把四个“实”作为公司的宗旨：从实际出发——根据市场实际需求开设课程；以实用为本——以管理技能训练为主；以实战求知——坚持采用体验式教学方式；以实惠共赢——价格合理，让客户感到物有所值。

（四）从学习、思考、观察中寻找创业机会

古语云：“读万卷书，行万里路”“他山之石，可以攻玉”。其意思是说，一个人只有多读书、多实践，才会有过人的胆识、开阔的眼界、高明的想法。

生活实例

书本中掘出来的商机

小李接手了一个花棚，但花棚里的花都是些“老弱病残”的吊兰，就是以低于成本价的价格卖都没人要。要想使花棚能够起死回生，没有点新鲜货怎么行！

为了能开发出吊兰的新品种，小李在图书馆查阅了大量有关吊兰的资料。了解到吊兰是十分喜水的植物，即使是生长在清水里也能活得很好。小李的脑子里有了灵感：我何不试试卖一些养在水里的吊兰呢？

小李当即把一些已经栽好的吊兰都拔出了花盆，装入盛有清水的可乐瓶中进行观察。两个星期过去了，吊兰依旧生长得很好，而且没有了泥土的吊兰，看上去格外清新。

小李将这些水培吊兰拿到市场上去碰运气，结果被几个年轻姑娘你一瓶、我一瓶地一下子就买走了 6 瓶。不到半个小时，30 瓶水培吊兰便被抢购一空。

对于很多事务，粗看上去好像杂乱无章、毫无头绪，但只要我们静下心来，慢慢地抽丝剥茧，就能看清其本来面目。同样，面对纷繁复杂的需求、商品和创业项目，只要我们冷静观察、仔细思索，好项目自然会浮出水面。

生活实例

“90后”小伙们发现共享时代新商机

小孙是一名自习室的创办者，他说他在读高中时发现，寒暑假学校不开放，想要学习却没有一个安静的地方。当时他经常和朋友一块合租场所上自习，等到高中毕业后，他考虑到学弟学妹们也会有这样的需求。于是，在2014年，他和同学萌发了合伙创办自习室的想法。

毕业后，小孙和同学在之前积累的办自习室经验的基础上，又到上海、广州等城市进行调查。最终，在济南创办了第一家共享自习室。

共享自习室划分为“学习区”和“公共休息区”。在“学习区”内，每个座位都被打造成“格子间”样式，小小的空间里配置有插座、台灯、临时储物柜，可谓“麻雀虽小，五脏俱全”。

另外，为了保证学习者的舒适与专注，在“学习区”的地面上还铺设了静音地毯，而且所有人在进入该区域前都会被要求将手机调成静音，且在学习区内不允许讨论说话。“公共休息区”内还配备了饮水机、微波炉、共享充电宝及Wifi等设备，以供前来学习的顾客免费使用。

共享自习室开放后，陆续有学生过来学习。顾客们口口相传，使得小孙和同学的合伙生意逐渐红火。

揭开枕头市场的“盖”

小徐以前经常头疼，是朋友推荐的一种枕头治好了他的病，这使得他对枕头发生了兴趣。一较起劲来，他终于看到了枕头市场的真实情况。杂货店经营的枕头质量很差，大商场经营的枕头品种又很单一，有品牌的枕头市场上竟然没有。

经过调查，现在的枕头品种实际上不少，比如躺着用的，坐着用的，看电视用的，玉石做的，石膏做的，决明子做的，适合单身女性用的男朋友枕，适合单身男性用的女朋友枕，长途车上用的车枕，情侣用的梅花枕，防止打呼噜用的止鼾枕，网吧用的充气枕，等等。但是，由于这些枕头被分散到杂货铺、专卖店、百货商场等各种地方销售，因此，一般人对各种特色枕头并没什么了解。好了，就做枕头专卖店，让各种枕头来个大聚会。

小徐的枕头专卖店开起来之后，顾客越来越多，很多顾客一进店，就被惊呆了："啊，原来枕头还有这么多种啊！"

创业愿望长期萦绕心头而形成意识，在偶然中与某事情发生碰撞，项目可能就产生了。我们这里所说的敏感，是指商业意义上的聪慧、灵敏和通达，它表现为生活中看到、听到、接触到某些事物后，能迅速联想到其内在的商业价值。

生活实例

"懒人部落"是这样诞生的

2005 年底的一天，一位年轻人来到小胡的店里，一进门就问有没有床上电脑桌卖。原来，这位年轻人在一家媒体公司做记者，晚上经常需要加班熬夜，久坐在电脑桌前，天气一冷，冻得手脚冰冷，格外难受。因此，他就想到了买个床上电脑桌、无线鼠标等"懒人"用品，天冷时，将笔记本电脑往床上电脑桌上一放，缩在被子里就可工作，又暖和又舒服，取暖、工作两不误，真是一大享受。

小胡知道，一张桌子可能赚不到什么钱，但"懒人"市场却是一个大市场。为了满足各类"懒人"的需求，她决定在全国各地寻找这类货源，多进新产品，以"商品种类繁多"的优势取胜。

经过不断地搜寻，小胡的"懒人部落"专卖店里的商品种类越来越多，1 000 多种懒人用品堆满了货架，产品涵盖了厨房用品系列、卫生洁具系列、储藏用品系列、文体用品系列、美容保健系列、日用百货系列、充气产品系列、一次性用品系列等众多特色鲜明的懒人家居用品。

（五）从闲置的资源中寻找机会

什么是闲置资源？所谓闲置资源是指暂时没有使用的东西。这样的东西有很多，典型的如垃圾、边角余料、空余时间等。这些东西都有一个共同特点，那就是处于闲置状态，对人们没有产生效用，甚至还在产生危害。

一种资源被闲置，可能是因为这种资源的价值没有被认识，也可能是因为这种资源的利用价值达不到商业化要求，还有可能是因为人们以习惯思维忽视了这种资源。

闲置的资源主要有以下几种。

第一种：长期没有被利用的东西，表现为长期无人过问。比如报废的矿山、电梯门口的墙壁。

第二种：暂时没有被利用的东西。比如征地后没有开始建设的空闲场地。

第三种：周期性闲置的东西。比如受自然季节周期影响的资源、假期中闲置的学校教室。

第四种：不能完整利用的东西。比如零散的时间、空余的场地。

第五种：存在负效应的东西。比如垃圾、污染物。

由于闲置资源的获取成本很低，因此，善于发现和利用闲置资源可能会取得意想不到的效果。

第一，能大幅降低成本。闲置资源是一种没有成本或者低成本的资源。闲置资源的获取成本极低，有时还可能因为使用这种资源而产生收益，比如收取排污费或者获得某种补贴。很多企业就是因为使用闲置资源而获得成功的。比如，看到风能没有被利用，人们想到了利用风能发电；看到中国人多，就大量使用劳动力。因为有低成本优势，可以让企业利润增加，也可以大幅度提升企业的市场竞争力。

第二，可以形成一些特殊的优势。市场势力往往来自于对关键资源的控制，而在资源价值已经为人们所认识时，控制这种资源的机会几乎已经完全没有了。所以用自己的知识去认识闲置资源，在人们还没有认识到这种资源的价值时，先下手为强。比如，日本有意识地回收电子垃圾，建立“城市矿山”；再如，分众传媒先与大量的写字楼签订合作协议，再推广电梯的广告业务，并一举成功。

下面列举了一些有可能发现闲置资源的资源类型，以供大家参考。

第一种：数据资源，如名片、老字号、气候信息。

第二种：空间资源，如季节性闲置房屋、太空资源。

第三种：人力资源，如在校中职生、退休专家。

第四种：技术资源，如国内外过期专利。

第五种：产品资源，如产品功能在使用过程中的深入开发。例如，利用短信构建的各种平台。

第六种：资金资源，如储蓄、社会保障和保险金。

第七种：景观资源，如校园景观、拍摄基地。

第八种：文化资源，如民歌、习俗。

第九种：历史资源，如偏方、祖传秘方（烹制）、废弃的工厂与矿山。

第十种：垃圾资源，如各种副产品、垃圾。

第十一种：时间资源，如等待时、睡前、乘车时、会前的零散时间。

第十二种：品牌资源，如商誉、声誉、影响力。

第十三种：社会网络资源，如同乡、战友、同学。

第十四种：事件资源，如突发事件的影响、纪念日。

（六）从隐蔽的资源中寻找创业机会

挖掘的本意是或挖或掘或连挖带掘，引申后的意思就是深入探求、竭力寻找等。通过挖掘，我们可使很多天然的、隐蔽的资源成为有市场价值的东西。

可挖掘的资源很多，如自然的、文化的、历史的、风俗的、网络的、家庭的。在将资源挖掘出来之后，我们既要尊重它们的原生态——这是其特色和价值所在，还要改进、提升、完善，有的还要进行功能转换、用途变更和价值延伸。

生活实例

深耕胎毛，挖山不止

一、发现胎毛笔

一个偶然的机会，小陈发现了一种起源于唐朝的民间手工工艺：胎毛笔。即把婴儿的毛发制成笔，家人留下作为纪念。受此启发，小陈开始了制作胎毛笔的业务。每制作一支，收费几百元到上千元不等。

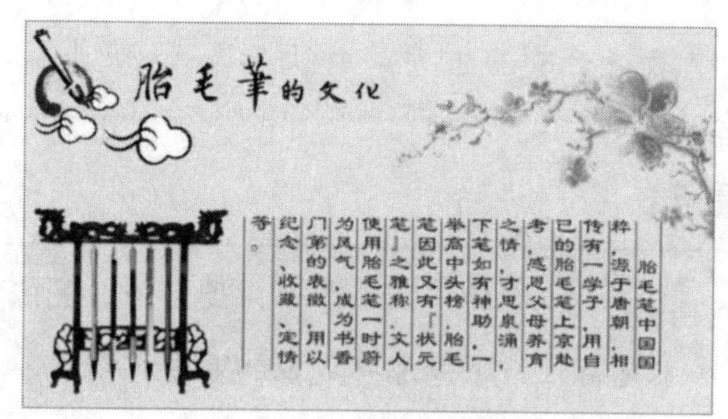

很快，公司在胎毛笔业务上几乎发展到了极致。此时的小陈，经常面对手上的数万名客户名单若有所思：胎毛笔的利润虽高，可消费者一辈子只能消费一次。经过几年的培育，公司已经有了一大批忠诚度很高的客户资源，如果能够充分挖掘他们的潜在消费能力，公司的收益肯定会增加。

二、首次挖掘——开展胎教业务

小陈首先将目光放在了胎教业务上。2001 年，她成立了我国第一家产业化的胎教中心。胎教服务在一年内就火爆起来，公司的年销售额也随之翻了一番。

三、继续挖掘——开展母婴用品销售业务

2002 年，公司开始用送货上门的方式销售母婴用品。母婴用品是个很大的市场，但这个市场竞争非常激烈，奶粉、奶嘴、尿布、辅食等每个分类产品都是品牌林立，终端渠道密不透风。

小陈敢于涉足其中，是因为她发现了自己独特的价值。“这个市场虽然品牌很多，但每个品牌一般只提供一种或几种产品，各个品牌的产品又在不同的商店出售，家长为了买齐母婴用品，不仅要分门别类记住多个商标，还不得不在不同的商店里来回寻找。而我们可以提供一站式服务，只要客户一个电话，就可以在我们这里买到市面上所有的母婴产品，而且价格比商店更便宜。”

此外，公司定期印刷直递广告册，为客户传递最新的产品信息。2003 年，小陈还引入客户关系管理（CRM）系统，服务水平又上了一个新台阶。以前经常是顾客打电话过来购买产品，现在，母婴顾问可以提前主动给顾客打电话：“您家宝宝的奶粉好像再有两天就要用完了，需要我们的配送员再送一些去吗？”如今，公司销售的数千种母婴产品每年为公司带来 8 000 余万元的销售额。

四、挖山不止——新业务渐次展开

在胎毛笔、胎教、母婴用品之外，自 2004 年开始，公司相继进入婴儿早教、产褥期护理、手足印、婴幼儿保险代理销售等领域。

【提示】

在企业所有的资源浪费中，最大的当属客户资源的浪费。据统计，开发一个新客户的成本是留住一个老客户成本的 6 倍，因此，把客户作为企业的一个重要资源，控制客户终端，深耕客户资源，同样是创业的“根”。

（七）从改变习惯思维方式中寻找创业机会

日常生活中，很多人都有惯性思维。一看到别人干什么赚钱，自己马上依葫芦画瓢，也这样干。但是，假如我们变换一下思维方式，如进行逆向思维、发散性思维，那么，很多独特的创业机会就会浮现出来。

生活实例

卖掉果树种柳树

在退耕还林的过程中，山东龙口的农民高高兴兴地把坡地都种上了果树。漫山遍野的鸭梨汁浓肉脆，引来八方来客，乡亲们把堆积如山的鸭梨整车整车地运往北京、上海，还出口到了日本、韩国。

这时，村里的一个年轻人却把自己家的果树卖掉，种起了柳树。种柳树干什么呢？编筐。他发现，在村民们欢呼雀跃地增加果树种植的时候，来到这里的客商不犯愁买不到好的鸭梨，却愁买不到装鸭梨的筐。

培训瓦工

第二次世界大战后的欧洲，什么行业最繁荣呢？当然是建筑业。

建筑业的繁荣使得瓦工身价看涨，一贫如洗的瓦工迈克，看到报纸上到处都在招聘瓦工。这对他这个失业者是多么好的机会呀！可是他却没有去应聘他的老本行瓦工。

他要干什么呢？他要培训瓦工。他想到：大家都招聘瓦工，一下子哪有那么多的瓦工？于是，他也在报纸上登了一则广告：培训瓦工。

你烧烤，我烧炭

到济南打工的山东汉子老赵，发现这个城市到处都是烧烤，这一天要烧掉多少木炭啊！

木炭是从哪里来的呢？他把全城所有的土产公司都跑了一遍，知道这些木炭都是从南方的山区购进的。山高路远价格高，还不能保证及时供应。

他细心地算了一下，济南一天的木炭需求量为 15 吨，这是多么大的市场啊！

他果断地拿出自己多年的积蓄 3 000 元，先是到安徽贩运了 3 吨木炭，心里盘算着至少能赚 1 000 元。但是，将木炭拉到济南一过秤，6 000 斤竟然变成了 5 500 斤。原来木炭吃水厉害，一路挥发了 500 斤。这还不算，他运来的木炭点燃后烟雾缭绕，噼啪作响，到头来还赔了 1 000 多元。

贩运的经历促使他下决心自己烧木炭，经过反复试验，他最终用锯末为原料，生产出了耐燃烧、无烟尘、不爆花、火力足的环保木炭。

（八）从事物的整合中寻找创业机会

所谓整合，是指将不同资源和要素重新组合，从而可以：

——发现资源之间别人没发现的某种联系、功能和用途；

——把看似不相关的资源进行复合、改造而产生新的效用；

——把各自独立的利益关系联系在一起而产生新的利润点；

——把自己可借助的各种优势集中在一点实现某种市场的突破；

——在成长中的产业链中找到缺陷、缝隙与薄弱环节加以改进；

——对潜在的具有商业价值的元素进行挖掘、改造和提炼。

老子说："万物负阴而抱阳，冲气以为和。"这是指自然界的一切事物，都具有"合"的倾向，都是"合"的产物。天地之合而生万物，从人类自身到自然界再到社会，我们所见到、听到、知道的一切，都是"合"的结果。例如，物理和数学之合产生了计算机，化学和生物之合产生了基因工程。

正如老子所言，我们要用"冲"去"合"。我们可以借助自己的智慧和创意，以及已经掌握的知识和经验，去"冲"那些表面上看似相互独立的物质和功能，从而实现创造性的"复合"，进而产生好项目。

生活实例

拖鞋与拖把

小丽在朋友的家中，发现客厅非常干净，就像时刻有人给地板擦洗过一样。朋友看出了小丽的疑惑，指着刚才进门拿给她的拖鞋说："我知道你在想什么，你肯定是觉得我家的地板太干净了吧？告诉你，妙处就在你穿的这双拖鞋上。这是一双休闲型趣味擦地拖鞋。"

原来，穿上这种拖鞋，在房间里来回走动的同时，会将地板擦得干干净净。每逢节假日，家里客人越多，地板就越干净。

这种拖鞋，由于在底部增加了一层化纤材料，穿着更加柔软、舒适，如同在高级地毯上走路一样。清洗也很容易，放在水中就可清洗干净。

杂粮与绘画

五谷杂粮与绘画有关系吗？许多人都不相信，但事实是让它们有关系，它们就能有关系。

西安湘子庙街的一个小伙子就创造出了这样一门绘画技术：用具有天然色彩的各种豆子和各种杂粮，创作出一幅幅精美的艺术品，受到了大家的喜欢，大量作品被一些商场的艺术品专柜和画廊定购。

（九）通过借势寻找创业机会

在寒冷的青藏高原草地上，生长着一种小小的蝙蝠蛾，每只蝙蝠蛾可生产数百只卵，散落到地上就成了幼虫。冬季来了，真菌孢子钻进幼虫体内，借助幼虫的身体，度过寒冷的冬季，生存了下来。夏天来了，真菌孢子靠蝙蝠蛾幼虫体内的营养发育、生长着。钻出来后，成为“冬虫夏草”。这孢子真聪明！借别人的身体过冬，再借别人的营养来发育。这就是“借势”，即凭借或依靠某种现存的事物，如风势、火势、地势和气势，来产生可以为自己所用的力量。

项目的产生和运作都要借势，孙子说：“故善战人之势，如转圆石于千仞之山者，势也。”就是说，会打仗的人创造的态势，就像把石头从千米高的山上滚下来一样。

这山顶上的石头是什么呢？是知名的品牌、热映的电影、普及的概念、古老的传说、美丽的诗句、著名的绘画、别人的成果、名人的照片、历史的遗产、文化的遗产、公认的信誉、公用的资源、知名的企业、重大的事件、知名的人物等。

生活实例

背靠大树

知道那个做摩托很有名的小尹吗？他 55 岁才开始创业，却眼光奇准，一开始就把核心业务指向摩托车的发动机。

当时重庆的摩托车有两大品牌：“嘉陵”和“建设”。他决心“背靠大树”，将这两大品牌的发动机的配件买过来，自己装配成整机后再卖出去。

购买全部发动机配件的价格加上组装成本大约是 1 400 元，而卖出价格是 1 998 元，每台发动机能赚取约 600 元。又因为配件出自名门，质量有保证，深受顾客欢迎。就这样，小尹很快积累了几百万元资金。

用电视剧名作商标

小王看到东北人把饺子放到外面冻起来，立刻想到汤圆也能冻。就这样，小王发明了速冻汤圆，起好名字，设计并印好了包装，就等着上市。

正在这个时候，电视剧《凌汤圆》在中央电视台热播。他立刻把产品改了名字，换了包装，给自己的汤圆改名叫“凌汤圆”，并在第一时间注册了商标。

（十）从产业链中寻找创业机会

“产业链”的意思是说，很多产业就像一个链条一样，涉及众多环节，且环环相扣。例如，汽车产业涉及前市场和后市场两大产业链，而前市场又分别涉及汽车原材料生产、汽车零部件制造、汽车装配等环节，后市场则涉及汽车销售、汽车维修、汽车保养等环节。

如果我们能成为某个成长中的产业链条中的一环，哪怕是很小很不起眼的一环，只要我们把它做得很专很精、不可替代，那收益也将十分了得。

生活实例

从产业链中发现机会

小朱 2004 年大学毕业后到了一家研究所工作。按照传统习惯，他的职业生涯要么在专业领域不断提升，要么在行政领域不断升职。然而，一件日常小事却改变了他的一生。一天，上司安排他去购买一个配件，他惊讶地发现，配件的批发价与零售价竟然有超过 10 倍的价差。

普通人看到这种情况，顶多发几句牢骚，说说商人心太黑之类的牢骚话。他却从中发现了机会，认为价差过大说明这个行业的竞争不充分。于是，他开了一家配件零售店。当零售店开起来后，他没有像其他零售店一样只是等顾客上门，而是迅速建立起销售队伍开展营销活动。很快，随着销量的扩大，他开始做代工生产。再后来，他拥有了自己的品牌。现在，他正准备向整机行业进军。

（十一）从变化中寻找创业机会

创业的机会大都产生于不断变化的市场环境，环境变了，市场需求、市场结构必然发生变化。著名管理大师彼得·德鲁克将创业者定义为那些能“寻找变化并积极反应，把它当作机会充分利用起来的人”。

这种变化可以包括产业结构的变动、消费结构的升级、城市化进程的加速、人口结构的变化、价值观与生活形态的变化、政府政策的变化、居民收入水平的提高、全球化趋势等诸方面。

比如，随着居民收入水平的提高，私人轿车的拥有量将不断增加，这就会派生出汽车销售、修理、清洁、装潢、二手车交易、陪驾、配件销售等诸多创业机会。又如，随着人们生活水平的提高，对食品的要求自然越来越高，人们不仅要吃饱，而且要吃好，于是，各种有机食品应运而生。

（十二）从对手的缺陷和不足中寻找创业机会

机会并不只属于“高科技领域”。在运输、保健、饮食、流通这些所谓的“低科技领域”也有机会，关键在于开发。如果你能弥补竞争对手的缺陷和不足，这也将成为你的创业机会。看看周围的公司，你能比他们更快、更可靠、更便宜地提供产品或服务吗？你能做得更好吗？若能，你也许就找到了机会。

生活实例

从对手的不足中找机会

小张在郑州批发小饰品（二批），销售额虽然不高，却摸清了进货渠道，知道义乌是小饰品的主要批发市场。小张所在的批发市场拆迁，他干脆到义乌批发小饰品（一批）。他发现因为小商户销量小，不经常进货，所以义乌的批发商对小商户也爱理不理。经过一番思考，他决定开始专做其他商户不愿做的小商户的生意。一般来说，如果客户进货不够一定数目，商户不予打包，而小张不论客户进货多少都打包，有些客户为了打包就专门到他那里进货。客户如果没有时间不能亲自到义乌进货，小张就代替他们进货，并且不收价差。结果，一年后，他竟然成了中国最大的手机膜批发商。

批发做起来后，他又开始做自主设计，因为自主设计的产品的毛利比较高。再后来，他又在深圳开厂做生产，直接从国外进口原料。现在，他又在做外贸生意。

（十三）从顾客的差异中寻找创业机会

机会不能从全部顾客身上去找，因为共同需要容易认识，基本上已很难再找到突破口。而实际上每个人的需求都是有差异的，如果我们时常关注某些人的日常生活和工作，就会从中发现某些机会。因此，在寻找机会时，应习惯把顾客加以分类，如政府职员、大学教师、杂志编辑、小学生、单身女性、退休职工等，认真研究各类人员的需求特点，机会自然会出现。

生活实例

另类的录像带出租商店

当吉姆·麦凯布作为一个心理学家的生活结束时，他和他做辩护律师的妻子简决定开创一项事业。麦凯布夫妇喜欢电影，因而开一家录像带出租商店似乎是很自然的。由于他们那一地区的大部分商店出租同样的电影录像带，他们特意去查找电影目录以看看到时出租什么为好，结果发现有不少不同寻常的电影，其中一些只能说是“演出的大失败”。这对夫妻喜欢这些在一般商店里看不到的电影录像带，并认为别人也可能喜欢。

当他们的“录像天地”在弗吉尼亚开张时，除了在柜台内摆放了常见的好莱坞电影外，还储备了许多稀奇古怪的电影，并打出了“保证供应城内最糟的电影”的招牌。结果顾客蜂拥而至，来租电影院通常不愿上演的电影。

现在，麦凯布夫妇通过免费电话向全美出租电影录像带，一年的营业额达到了500万美元。吉姆·麦凯布说："我们发现了一个活动空间，并在竞争中获胜。我们的经验是：小经营者必须使自己与别人有所不同。"

（十四）从新技术、新产品的产生中寻找创业机会

一项新技术、新产品的产生通常会带来创业机会，尤其是一些划时代的新技术和新产品的产生，更会带来大量的创业机会。例如，随着电脑与网络的诞生，电脑维修、软件开发、电脑操作培训、图文制作、信息服务、网上开店等创业机会随之而来。

又如，当人类基因图谱获得完全解决后，可以预期必然会在生物科技与医疗服务等领域带来极多的创业机会。

生活实例

主动接触新事物，学习新技术

高中毕业后干起家电维修的小胡和小姜，每天都以修收录机、电视机为生，但前者是一个经营上的"不安分者"，后者则是一个循规蹈矩的"老实人"。不久前，小胡又突发奇想，寻找到新的商机：他发现当地的农民用上自来水后，将来就有可能使用洗衣机，有洗衣机便会有维修洗衣机的业务。于是，他买回本地市场上常见品牌的洗衣机供周围的人使用，目的之一是让人们尝尝洗衣机的甜头，目的之二是学习洗衣机的结构、保养和维修。果不其然，一年后，一台台洗衣机进入农村，维修业务几乎全被小胡包揽了，而小姜只能眼睁睁看着自己失去一次扩大维修范围的机会。

（十五）从国家政策中寻找创业机会

国家政策是很重要的导向，它通常会提出鼓励发展什么、限制发展什么，这其中就蕴藏了大量创业机会。例如，国家一直在提倡调结构、扩内需、循环

经济、节能降耗、城镇化等，这其中就蕴藏了许多创业机会。

生活实例

不懂政策，怎能盲目创业

刚从学校毕业的小吴，是第一位从××市工商局副局长手中接过“个人独资企业营业执照”的小老板。但是，就在他迈出第一步时，他几乎对国家大幅度放宽私营企业投资条件、降低投资门槛等鼓励政策一无所知。这无疑对跃跃欲试的小吴来说，预示着一系列的创业风险。

充分了解国家的有关政策和法规，是对每一个创业者必不可少的要求。不懂规则，怎能行动？盲目出击，又哪里有希望？

（十六）从外地或国外寻找创业机会

由于各地和各国之间发展不均衡，信息不对称，因此，其中就蕴藏了大量的创业机会。例如，我国几大知名网站（搜狐、新浪、网易、淘宝等）的运营模式无一不是源自美国。又如，对于今天在北京、上海等一线城市流行的东西，如果将其移植到他地，不就是创业机会吗？当然，在复制创业项目时，务必要对其进行仔细分析。

生活实例

回家开办摄影楼

在河南某高校的职业生涯规划大赛上，有学生介绍了这样一个案例。几个来自于同一县城的学习平面设计的同学，大三暑假期间在郑州的一个婚纱摄影店实习。实习中，萌生了回老家开婚纱摄影店的想法。

他们回老家后，有目的地进行了调研，发现县城虽然有几家婚纱摄影店，但是其观念落后，摄影效果根本无法与郑州的店铺相比。而且通过调查还得知，本县每年的结婚人数不少于9 000对，市场规模不小。

于是，在家长的帮助下，他们开始了选址和筹划工作。一个月后，一家全新的婚纱摄影楼在县城繁华街道诞生。开张的那天，来了解和预约的人络绎不绝。没过多久，他们的预约单排到了来年的7月，生意相当红火。还没毕业，他们的店就作为学校的实习点接待了几个平面设计专业的学生来实习。他们不仅在经济上取得了不菲的收入，而且在心理上收获了很大的成就感。

二、组建创业团队

（一）优秀创业合作伙伴通常应具备的素质

要组建创业团队，就要选择优秀的创业合作伙伴。那么，哪些人可以作为候选人呢？一般来讲，一个优秀的创业合作伙伴应具备如下特点：

（1）慈孝。一般来讲，一个懂得孝敬父母和关爱长辈的人通常是值得信赖的。相反，如果一个人对父母都不好，这样的人人品肯定有问题，是坚决不能与之合作的。

（2）果断。做事果断、敢于担责是一种优秀的品质。如果一个人胆小怕事、瞻前顾后，他只会成为你创业的障碍，而绝不会是推手。

（3）诚信。我们常讲，做人、做事应以诚信为本。如果一个人连起码的诚信都没有，大家在做事时相互防范，这样的合作是不可能进行下去的。

（4）成熟，有韧劲。有的人恨不得一天赚100万，一万年太久，只争朝夕。这样的朋友还是不合作为好。要知道，万事开头难，制订半年甚至一年不赚钱且能坚持下去的备用计划，才是创业的王道。

（5）专注。很多人思想新潮、想法很多，总是这山望着那山高。他们不了解，很多事情专注最重要，一个人一辈子真正能精通一两个领域就已经很不简单了。因此，我们在选择合作伙伴时应该选择做事专注、踏实之人，而不是见异思迁、志大才疏之辈。

（6）认真。做事不认真，敷衍了事，这不但是所有公司摒弃的员工，更不可能成为合作伙伴。

（7）开朗。创业肯定会遇到困难，没有困难的行业肯定不赚钱。性格开朗的人是最容易成就事业的。每天忧心忡忡、茶饭不思、不知明天会如何的人，做事难有激情，也很难成功。

（8）现实。有的人思考问题和看问题从政治家角度出发，言行如政府官员或党派领袖，动不动就到了造福全人类的层次。这样的人通常眼高手低，初看感觉像是具有雄才大略之人，实则只会纸上谈兵。既有远大理想，又能面对现实、脚踏实地之人，才是理想的合作伙伴。

（9）讲效率。这个社会快半步吃饱，慢半步逃跑。任何工作如果不能以最快的速度去做、去完成，就很容易失败。因此，和一个做事不讲效率之人合作，你的企业在当今社会是很难生存的。

（10）忠诚于角色。创业不是儿戏，如果不能精诚合作，大家是根本没必要聚集到一起的。如果合作各方都认为自己很强，互相不服气，都想当董事长或总经理，当不成就处处显示自己在企业中的影响，这样的合作还是趁早散伙为好。

俗话说得好，“家有千口，主事一人。”对于一个企业来讲，必须有一个核心，其他人必须各安其位、各司其职。

（11）不虚荣。有的人在开张伊始就要坐大班台，装修办公室，请前台接电话等，和这样的人合作，开张只是关张的前奏而已。

（12）不狂妄。有的人觉得老子天下第一，一出手就得惊天动地大手笔。和这样的人一起创业，成功的希望渺茫。孔子曰：“三人行，必有我师焉。”一个人无论多么聪明，如果没有一颗谦虚、谨慎、善于学习之心，终究难成大器。

与前面相对应，下面这些人绝对不适合作为你的创业伙伴：

（1）空想家。他们最爱说“有一天我会很有钱”，梦想30岁退休，可实际上他们甚至不知道怎么解决下个月的吃饭问题。

（2）独裁者。在他们的字典里没有“错”这个字。他们对讨论、分享没有任何兴趣，喜欢独自做决定，然后通知其他合伙人。

（3）校园明星。他们常把校园里的“管理经验”和“拉赞助的经验”作为说服你的理由。他们会说一个理念，然后告诉你方向、执行方案，看上去都没有问题。但是，他们没做过，而且比你还没有经验。

（4）目标不一致者。他们其实不太同意你的想法，但是他们想赚钱。也许他们能和你共患难，但是当你需要进一步做出判断，比如是保持现状，还是增加设备投资或者人力投入时，他们会毫不犹豫地坚持前者，因为后者会给他们带来风险而不是利润。

（5）败家子。没有茶水间、咖啡机、桌球室等的公司，在他们眼里就不能算是个公司。他们要求的是装修奢华的办公室、飞机里的头等舱，最好再配一位美女秘书。

（6）悲剧男/女主角。他们身上总萦绕着悲伤的故事。要开会时，他的车抛锚了。公司有事时，他的孩子撞到头了。要去找投资项目时，他的妻子开始闹离婚。要加班时，他病了。

（7）只是想有稳定收益者。他们觉得人生就应该是晚上 5 点半下班，7 点钟一定是和家人围坐在饭桌前的时刻。如果你不推他，他的计划永远停在那里。如果公司不太稳定，他立刻会涌起撤股的念头，因为他需要一份“轻松能挣钱”的生意。

拓展阅读

创业公司需要什么样的早期员工

某著名投资人分享了创业公司需要什么样的早期员工，包括：① 不计较工作环境；② 酷爱加班；③ 不纠结于流程；④ 有观点，爱提问；⑤ 对用户和市场极为敏感；⑥ 不推卸责任；⑦ 该出现的时候永远都在现场解决问题；⑧ 认可公司的价值观和使命。

（二）组建优秀创业团队的要点

一项针对创业者能力的研究报告也指出，组成团队与管理团队是成功创业者需要具备的主要能力之一。由于组成创业团队的基石在于创业远景与共同信念，因此创业者需要提出一套能够凝聚人心的远景与经营理念，从而形成共同的目标与企业文化。

一般而言，要组建一个成功的创业团队，应特别注意以下几点。

1. 彼此了解

创业团队的所有成员都应该相互非常熟悉，知根知底。《孙子兵法》云：“知己知彼，百战不殆”，在创业团队中，团队成员都应非常清醒地认识到自身的优劣势，同时对其他成员的长处和短处也一清二楚，这样可以很好地避免团队成员之间因为相互不熟悉而造成的各种矛盾、纠纷，从而强化团队的向心力和凝聚力。

请注意，我们这里所说的了解是真正了解，而不是仅仅浮在面上的了解。例如，尽管许多中职生创业时选择的合作伙伴都是亲戚、同学、朋友、校友等，但还是很快就失败了，其根本原因在于：虽然他们选择的合作伙伴都是自己的“熟人”，但是对这些“熟人”却并不真正了解。

2. 相互信任

近年来，我国创业企业的失败率为80%左右，企业平均寿命不足三年，其中很重要的一个原因就是创业团队内部不团结，大家彼此之间相互猜疑。

要建立和维护创业团队成员之间的信任，简单地说，一是要增强信任，二是要防止出现不信任，避免信任转变为不信任。信任是一种非常脆弱的心理状态，一旦产生裂痕就很难缝合。要消除不信任及其带来的负面影响往往要付出巨大的代价，所以防止不信任比增强信任更加重要。

一般来说，创业者在选择创业伙伴时主要考察对方的人品和能力。相对于

能力而言，人品更加重要，它是人们交往和合作的基础，也是决定一个人是否值得信任的前提。

3．理念一致，目标相同

第一，所有团队成员都必须认同大家共同确定的创业目标、分配制度、管理制度、企业发展战略、经营理念、企业文化等，都必须保持对企业长期经营的信心。

第二，所有团队成员都必须认识到，团队是一体的，所有成败都是整体而非个人的。大家必须能够同甘共苦，必须将团队利益置于个人利益之上。团队中没有个人英雄主义，每位成员的价值都表现为其对团队的贡献。大家愿意牺牲短期利益来换取长期的成功果实，而不计较短期的薪资、福利、津贴等。

第三，所有团队成员都必须对工作抱有满腔激情，必须要有每天长时间工作的准备。任何人，不管其专业水平多么高，如果没有激情，都将无法适应艰苦的创业生活。

第四，所有团队成员均应了解企业在成功之前将会面临的挑战，并承诺不会因为一时困难而退出。如确有特殊原因需提前退出团队，必须优先将股权转让给团队成员。当企业面临困难时，大家必须齐心协力、共同面对、共同解决。

4．取长补短，相得益彰

从人力资源管理的角度来看，建立优势互补的创业团队是保持创业团队稳定的关键。研究表明，大多数创业团队组成时，并未考虑到成员专业能力的多样性，大多是因为有相同的技术能力或兴趣，至于管理、营销、财务等能力则较为缺乏。

因此，要使创业团队发挥最大的能量，在创建团队时不仅仅要考虑相互之间的关系，更重要的是要考虑成员特点之间的互补性，如彼此之间性格、经验、专长、技术等的互补，以此来达到团队的平衡。

例如，一个纯粹由技术人员组成的公司容易出现以技术为主、产品为导向的情况，从而使产品的研发与市场脱节；而全部由市场和销售人员组成的创业团队由于缺乏对技术的领悟力和敏感性，也容易迷失方向。

一般来说，一个优秀的创业团队必须包括以下几种人：

- **一个很好的“领袖”**。此人必须能够高瞻远瞩，能够为企业制定明确的战略、战术；他必须有很好的人品，处事公正，能够服众，能够团结整个团队；他还必须具有很好的协调能力，能够及时化解团队成员间的矛盾。
- **一个很好的“管家”**。此人主要负责企业的日常运营及各项规章制度的制定。由于企业日常事务非常琐碎，因此，此人必须心思缜密、工作细致。
- **一个很好的“财务总管”**。资金是企业的生命线，因此，创业团队中最好有一个好的“财务总管”，他能合理地安排企业收支，能够帮助企业融资。
- **一个很好的“营销总监”**。我们经常说，产品是基础，营销是龙头。如果营销不行，产品就不能变成钱，企业只有关门大吉。

此外，如果创业企业是一个技术类企业，可能还需要一个很好的技术专家，从而帮助企业不断地将技术或产品推陈出新，始终站在行业的前沿。

值得注意的是，在一个创业团队中，绝不能出现两个优势相同的人。例如，两个人都是营销高手，或者两个人都善于管理等。一旦如此，今后必然少不了各种矛盾，甚至会导致整个创业团队散伙，这样的例子不胜枚举。

总之，团队竞争是创业企业赖以战胜大企业的法宝。大企业可以聘用非常好的职业经理人，而创业企业只能通过团队精神在人力资源上超过大企业。所以，寻找到好的优势互补的合作伙伴，是创业成功的保证。当今社会，社会分工越来越细，最专业的事就要交给最专业的人去做，这样胜算才会更大。

拓展阅读

西游记取经团队成员角色分析

团队管理这一名词是随着工商管理的概念进入中国的，但实际上最早阐述团队理念的是中国，那就是我们早已熟知的《西游记》，这部著作本身就是一个团队合作的典型案例。

《西游记》中的师徒五人组成了一个团队，而现代管理学认为：一个团队的最佳组成人数为 4～25 人。看来我们的祖先已经认识到这一点，只是没有总结。那我们来分析一下他们的组织架构。首先肯定师徒五人组成了一个成功的团队！

先分析唐僧，他是这个团队的最高领导，是决策者，在企业里面就好比是总经理。他运用自己的强硬管理方式和制度（紧箍咒）来管理团队，并且通过“软权力”和“硬权力”的结合来调动整个团队。从根本上讲，几个徒弟很服从他，佩服他的学识（软权力），因为唐僧是当时著名的高僧，而且是个翻译。按现在衡量高层管理人员的标准，他是同声传译员而且是个工商管理硕士，德高望重，绝对是个优秀的管理者。他领导团队去西天取经，并获得了成功。

孙悟空应该是这个团队中的职业经理人，具体一点就是部门经理，他本领高强，到哪里都能混口饭吃，而且此人社会关系和社会资源极其丰富，但性格有点“猴急”。从个人素质上讲，孙悟空是非常优秀的，总经理（唐僧）布置的任务都能高效完成，而且处处留下美名，颇有跨国公司职业经理人的风范。

猪八戒虽然贪吃好睡，但是作为组织中的小人物，他还是有很多优点的，而且在许多方面还在团队中起了不小的作用，比如调节矛盾，运用公共关系的方法来协调众人之间的关系，这都是他对组织的贡献。他本人幽默、可爱，充当着组织润滑剂的角色，所以在组织中功不可没。没有猪八戒的团队是残缺的，而且也是不完美的。用一句话来概括：猪八戒是公司中跨部门沟通的典范！

沙和尚自不必说，他朴实无华，工作踏实，兢兢业业。从企业的角度讲，他是“广大劳动者”，是劳动的模范。他虽然没有职业经理人的风光与协调关系者的公关本领，但是他所做的工作却是最基础的。在团队中，每个人都应该向他学习，主动承担自己的责任，努力工作，从而为团队做出自己的贡献。

白龙马更是一个默默无闻的劳动者，任劳任怨，主要工作就是作唐僧的司机兼座驾，偶尔在关键时刻挺身而出，表现一下。

在认同他们优秀的同时，还要认识到他们的缺点，比如：唐僧性格优柔寡断，不明是非；孙悟空个人英雄主义严重，无视组织的纪律和制度；猪八戒悟性较差，贪吃、好色；沙和尚缺乏主见，工作欠灵活；等等。这些都是我们应该注意的。只有熟悉自己的缺点，我们才能把工作做好。

三、编写创业计划书

（一）创业计划书的内容

一般来说，创业计划书主要包括封面、目录、计划摘要、产品介绍、人员及组织结构、市场预测、营销策略、制造计划、财务规划，以及附录（如果需要的话）等部分。其中，封面的设计要令人赏心悦目，产生最初的好感，形成良好的第一印象。下面我们重点介绍计划摘要、产品介绍等具体内容的编写要点。

1. 计划摘要

计划摘要列在创业计划书的最前面，它浓缩了创业计划书的精华。计划摘要涵盖了计划的要点，以求一目了然，从而使读者能在最短的时间内评审计划并做出判断。

计划摘要一般要包括以下内容：

- 公司介绍。
- 主要产品。
- 市场概貌。
- 营销策略。
- 销售计划。
- 生产制造计划。
- 管理者及其组织。
- 财务规划。
- 资金需求状况等。

在介绍企业时，首先，要说明创办新企业的思路及企业的目标和发展战略。其次，要交代企业现状、过去的背景和企业的经营范围。在这一部分中，要对企业以往的情况做客观的评述，不回避失误。中肯的分析往往更能赢得信任，从而使人更容易认同企业的创业计划书。最后，还要介绍一下创业者自己的背景、经历、经验和特长等。企业家的素质对企业起着关键性的作用。在这里，企业家应尽量突出自己的优点并表示自己强烈的进取精神，以给投资者留下一个好印象。

计划摘要应尽量简明、生动，特别要详细说明自身企业的不同之处，以及企业获取成功的市场因素。一般来说，一份好的计划摘要仅需两页纸就足够了。

2．产品介绍

在进行投资项目评估时，投资人最关心的问题之一就是：企业的产品能否以及能在多大程度上解决现实生活中的问题，或者，企业的产品能否帮助顾客节约开支、增加收入。因此，产品介绍是创业计划书中必不可少的一项内容。

通常，产品介绍应包括以下内容：

- 产品的概念、性能及特性。
- 主要产品介绍。

- 产品的市场竞争力。
- 产品的研究和开发过程。
- 发展新产品的计划和成本分析。
- 产品的市场前景预测。
- 产品的品牌和专利等。

在产品介绍部分，企业家要对产品作详细的说明，说明要准确，也要通俗易懂，使不是专业人员的投资者也能明白。一般地，产品介绍都要附上产品原型、照片或其他介绍。

由于产品介绍的内容比较具体，因而写起来相对容易。虽然夸赞自己的产品是推销所必需的，但应该注意，企业所做的每一项承诺都是“一笔债”，都要努力去兑现。要牢记，企业家和投资家所建立的是一种长期合作的伙伴关系。空口许诺，只能得意于一时。如果企业家不能兑现承诺，其信誉必然要受到极大的损害。

3．人员及组织结构

有了产品之后，创业者第二步要做的就是组成一支有战斗力的管理队伍。企业管理的好坏，直接决定了企业经营风险的大小。而高素质的管理人员和良好的组织结构则是管理好企业的重要保证。因此，风险投资家会特别注重对管理队伍的评估。

企业的管理人员应该是互补型的，而且要具有团队精神。一个企业必须要具备负责产品设计与开发、市场营销、生产作业管理、理财等方面的专门人才。

在创业计划书中，必须要对主要管理人员加以阐明，介绍他们所具有的能力，他们在本企业中的职务和责任，他们过去的详细经历及背景。此外，此部分还应对公司的结构进行介绍，具体包括：

- 公司的组织机构图。
- 各部门的功能与责任。
- 各部门的负责人及主要成员。
- 公司的报酬体系。
- 公司的股东名单，包括认股权、比例和特权。

- 公司的董事会成员。
- 各位董事的背景资料等。

4．**市场预测**

当企业要开发一种新产品或向新的市场扩展时，首先就要进行市场预测。如果预测的结果并不乐观或者预测的可信度让人怀疑，那么投资者就要承担更大的风险，这对多数风险投资家来说都是不可接受的。

首先，要对需求进行预测。例如：市场是否存在对这种产品的需求？需求程度是否可以给企业带来所期望的利益？新的市场规模有多大？需求发展的未来趋向及其状态如何？有哪些因素会影响需求？其次，市场预测还要包括对市场竞争的情况——企业所面对的竞争格局进行分析。例如：市场中主要的竞争者有哪些？是否存在有利于本企业产品的市场空档？本企业预计的市场占有率是多少？本企业进入市场会引起竞争者怎样的反应，这些反应对企业会有什么影响？

在创业计划书中，市场预测应包括以下内容：

- 市场现状综述。
- 市场需求预测。
- 竞争厂商概览。
- 目标顾客和目标市场。
- 本企业产品的市场地位。

创业者对市场的预测应建立在严密、科学的市场调查基础上。企业所面对的市场本来就有变幻不定、难以捉摸的特点，因此，创业者应尽量扩大收集信息的范围，重视对环境的预测，采用科学的预测手段和方法。创业者应牢记的是，市场预测不是凭空想象，对市场错误的认识是企业经营失败的最主要原因之一。

5．**营销策略**

营销是企业经营中最富挑战性的环节，影响营销策略的主要因素有消费者的特点、产品的特性、企业自身的状况、市场环境方面的因素，而最终影响营销策略的则是营销成本和营销效益。

在创业计划书中，营销策略应包括以下内容：

- 市场机构和营销渠道的选择。
- 营销队伍建设和管理。
- 促销计划和广告策略。
- 价格决策。

对于处于不同发展阶段的企业来说，其营销策略是不同的。对于创业企业来说，由于产品和企业的知名度低，很难进入其他企业已经稳定的销售渠道之中。因此，企业不得不暂时采取高成本低效益的营销战略，如上门推销、大打商品广告、向批发商和零售商让利或交给任何愿意经销的企业销售等；而对发展中的企业来说，它一方面可以利用原来的销售渠道，另一方面也可以开发新的销售渠道以适应企业的发展。

6. 制造计划

创业计划书中的生产制造计划应包括以下内容：

- 产品制造和技术设备现状。
- 新产品投产计划。
- 技术提升和设备更新的要求。
- 质量控制和质量改进计划。

7. 财务规划

财务规划需要花费创业者较多的精力来编写，其中主要包括了现金流量表、资产负债表以及损益表的制备。

首先，流动资金是企业的生命线，因此，企业在初创或扩张时，对流动资金需要有预先周详的计划和进行过程中的严格控制。

其次，损益表反映了企业的赢利状况，它是企业运作一段时间后的经营结果。

最后，资产负债表反映了企业在某一时刻的状况，投资者可以用资产负债表中的数据得到的比率指标来衡量企业的经营状况以及可能的投资回报率。

在创业计划书中，财务规划一般应包括以下内容：

- 创业计划的条件假设。
- 预计的资产负债表。
- 预计的损益表。
- 现金收支分析。
- 资金的来源和使用。

可以这样说，一份创业计划书概括地提出了在筹资过程中创业者需做的主要事情，而财务规划则是对创业计划书的支持和说明。因此，一份好的财务规划对评估企业所需的资金数量、提高企业取得资金的可能性是十分关键的。如果财务规划准备得不好，会给投资者留下企业管理人员缺乏经验的印象，降低企业的评估价值，同时也会增加企业的经营风险。那么，如何制定好财务规划呢？这首先要取决于企业的远景规划——是为一个新市场创造一个新产品，还是进入一个财务信息较多的已有市场。

着眼于一项新技术或创新产品的创业企业不可能参考现有市场的数据、价格和营销方式。因此，它要自己预测所进入市场的成长速度和可能获得的纯利，并把它的设想、管理队伍和财务模型推销给投资者。而准备进入一个已有市场的企业则可以很容易地说明整个市场的规模和改进方式。企业可以在获得目标市场信息的基础上，对企业头一年的销售规模进行规划。

编写财务规划时，应保证财务规划和创业计划书中的假设相一致。事实上，财务规划和企业的生产计划、人力资源计划、营销计划等都是密不可分的。

要完成财务规划，必须要明确下列问题：

- 产品在每一个期间的发出量有多大？
- 什么时候开始产品线的扩张？
- 每件产品的生产费用是多少？
- 每件产品的定价是多少？
- 使用什么分销渠道？所预期的成本和利润是多少？
- 需要雇佣哪几种类型的人？雇佣何时开始？工资预算是多少？

（二）创业计划书的编写步骤

准备创业方案是一个展望项目的未来前景、细致探索其中的合理思路、确认实施项目所需各种必要资源、寻求所需支持的过程。

一般来讲，要编写一份好的创业计划书，其主要有以下四个阶段。

1．准备阶段

创业计划书的编写涉及的内容较多，因而编写创业计划书前必须进行周密的安排。主要有如下一些准备工作：

① 确定创业计划的目的与宗旨。

② 组成创业计划书编写小组。

③ 制订创业计划书编写计划。

④ 确定创业计划书的总体框架。

⑤ 确定创业计划书编写的日程安排与人员分工。

2．资料搜集阶段

以创业计划书总体框架为指导，针对创业的目的与宗旨，搜寻相关资料，主要包括：

- 创业企业所在行业的发展趋势。
- 产品市场信息。
- 产品测试、实验资料。
- 竞争对手信息，如组织机构状况、财务报表等。

资料调查可以分为实地调查与搜集二手资料两种方法。其中，实地调查可以得到创业所需的第一手真实资料，但时间及费用耗费较大；搜集二手资料较容易，但可靠性较差。创业者可根据需要灵活选择资料调查方法。

3．具体编写阶段

此阶段主要完成以下几项任务：

（1）拟定创业计划书的具体编写提纲和编写要求。

（2）根据草拟的提纲具体编写创业计划书。

（3）广泛征求意见，对创业计划书进行修改完善。

（4）撰写摘要，设计封面。

4．检查阶段

由于创业计划书要准确回答投资者的疑问，争取投资者对本企业的信心，因此，在创业计划书编写完成后，可以从以下几个方面对创业计划书加以检查：

（1）逻辑是否清晰，论据是否充分，说明是否通俗易懂，语法是否正确，用词是否恰当。

（2）是否备有索引和目录，以便投资者可以较容易地查阅各个章节。

（3）是否编写了计划摘要并放在了最前面。如果已编写，检查计划摘要是否写得简明扼要、引人入胜。

（4）是否显示出你具有管理公司的经验或你已经找了一位经营大师来管理你的公司。

（5）是否显示了你有能力偿还借款，从而增强投资者的信心。

（6）是否显示出你已进行过完整的市场分析。要让投资者坚信你在计划书中阐明的产品需求量是真实的。

（7）能否打消投资者对产品（服务）的疑虑。如果需要，可以准备一件产品模型。

拓展阅读

创业游戏：写出创业计划书初稿

这是一个关于商业模式的游戏，可以帮助你理清自己的创业思路。

适用人群：创业者、准创业者、产品经理、战略规划高管等。

游戏人数：可一人玩，也可和团队一起玩，这样观点多，便于达成共识。

设计思想：创业公司一定要尽快赚钱。

游戏工具：彩色贴纸，铅笔。

好，现在游戏开始。

【第一步】

准备一叠彩色贴纸，按要求逐页写出下面问题的答案，一张纸写一个问题的答案。

提示：这个游戏需要头脑风暴，鼓励以发散性思维来回答问题，即尽可能多地列出你的答案。

问题一：谁是你的付费用户？

答案提示：忌用抽象名词，如“客户”或“高消费人群”之类，尽量用具体名词，如“家庭妇女”“企业白领”“中职生”“中小型出口贸易公司”“餐饮连锁店”等。

提示：

（1）只写你的直接付费用户，如果你提供收费订餐服务，就可能会有以下两种情形：一是客人在餐厅消费以后，餐厅给你提成，那你的用户就是餐厅；二是你从客人处收取餐费，扣去提成后把余钱给餐厅，那你的用户就是用餐的客人。

（2）如果你有不同用户，比如做快递业务，你的用户有企业和个人，可将企业和个人列为你的两种不同用户。

（3）如果你的业务“免费”，而且永远免费，请停止游戏；如果现在免费，将来会收费，请写明将来的付费用户。

问题二：你给客户带来什么好处？

答案提示：尽量用具体名词，如“加快减肥速度”“降低物流成本”“提高搜索精准度”等，尤其应该多思考你和竞争对手不一样的方面。

问题三：如何让客户知道你？

答案提示：尽量用具体名词，如“搜索引擎优化”“投放电视广告”“投递优惠券”等，这个问题的本质是问营销推广的方法。

问题四：如何将产品送达客户？

答案提示：尽量用具体名词，如“顺丰快递配送”“App Store下载”“开设直营门店”等。这个问题是问如果用户付钱下单，他们如何拿到购买的产品或服务，问题的本质是“渠道”。

问题五：你的核心任务是什么？

答案提示：尽量用具体名词，如“寻求技术团队”“开发专利产品”“找到分销商”等。写下你从现在开始到证实你商业模式成功（业务相对稳定、收支持平、略有利润）时所必须完成的主要事项。

问题六：你还缺什么？

答案提示：如“创业伙伴”“启动资金”“技术团队”“推广渠道”等，指从现在开始到你业务相对稳定、收支持平、略有利润时所缺少的东西。

问题七：谁能帮助你？

答案提示：如“渠道商”“淘宝商城”“技术高手”“天使投资人”等。不要写投资人，创业中很多东西不是钱可以解决的，要分析除钱以外的业务伙伴。

问题八：你有多少种赚钱的产品？

答案提示：如“手机”“平板电脑”“内容下载”等。

问题九：你需要投入多少成本？

答案提示：如“买设备多少钱”“买原料多少钱”“支付广告多少钱”“员工工资多少钱”等。列出投入大项的数额，再合计成总数。

【第二步】

请将每一页上的问题答案按重要性程度排序。

请将每一页上排在第一项的答案单独写在记录本上。

现在商业模式中“最重要的”因素都提炼出来了！仔细研究记录本上各项目之间的相互关系，并用一句话总结你的商业模式，这些就是创业计划书的初稿。

思考与练习

1．以小组为单位，分享自己从身边发现的创业机会，每个人分享的创业机会不少于三个，然后组内评出最可行的创业机会。

2．以小组为单位，分享自己的创业计划书，然后进行小组互评，并推举代表与全班同学分享自己的计划书。

参考文献

[1] 陈济．职业生涯规划教师参考用书．北京：中国人民大学出版社，2009.

[2] 和艳芳，于一才，等．职业生涯规划．北京：经济科学出版社，2009.

[3] 柳君芳，姚裕群．职业生涯规划．北京：中国人民大学出版社，2009.

[4] 杜爱玲，蒋乃平．职业生涯设计学习指导．北京：高等教育出版社，2008.

[5] 沈斐敏．大学生职业生涯规划与就业指导．北京：人民交通出版社，2008.

[6] 张帆．职业指导案例．北京：化学工业出版社，2008.

[7] 郭蓉，邱庆斌．职业生涯设计．北京：经济科学出版社，2008.

[8] 刘德恩．职业生涯规划．北京：北京师范大学出版社，2008.

[9] 谭禾丰．职业生涯规划与指导．北京：机械工业出版社，2008.